マドンナメイト文庫

素人告白スペシャル 熟女旅

素人投稿編集部

E N T S

C O N T

※投稿者はすべて仮名です

〈第一章〉

旅先で出会った熟女との淫靡な宴

若いバックパッカーが南の島で出会った欲求不満妻と濃厚ワイルドセックス！

滝田裕幸　会社員　三十一歳

新卒で就職した会社の肌が合わず、わずか二年で退職して就職浪人をしていたころの話です。

ハローワークにも通いましたが、なかなか自分に合う仕事が見つからず、将来への不安などからかなりのストレスを溜めこんでいました。

とにかく都心を離れてリフレッシュしたかった私は、寝袋と最低限の自炊セットを担いで奄美大島《あまみおおしま》に行くことにしました。

学生時代に沖縄《おきなわ》本島のサトウキビ畑で収穫のアルバイトをしたことがあり、そのときの同僚に奄美大島を薦められていたのを思い出したのです。

飛行機は使わず、鹿児島《かごしま》からの航路で行きました。アマミブルーと称される海の青さは格別で、クジラの潮吹きが見られるとかでホエールウォッチングのツアーが計画されているとか。

　島の面積は七百十二・三五平方キロですから、東京二十三区よりも広いわけで、行ってしまえばあまり島という感じはしません。誰もふだんは日本列島に住んでいると意識しないのと同じようなことです。

　リゾートホテルなどもありますが、もちろんそんなところには泊まらず、ひと気のない海岸に向かいました。そのあたりで、寝袋一つで野営するつもりだったのですが、観光シーズンでもなくそんな酔狂なことをするのは私一人のようでした。

　それはそれでかまわない。この絶景の海岸を一人占《じ》めとはなんと雄大でぜいたくなことでしょう。

　いずれ都会に戻ってあくせく就職先を探さねばならない身ではありますが、そのときだけはそんなことを忘れて豪快に過ごしたかったのです。

　固形燃料でレトルト食品を温めて食べていると、誰かが歩いてくるのが見えました。どうやら地元住民らしいその女性は、このあたりはマングローブの原生林が近く火気厳禁になっていると教えてくれました。

　私はお礼を言って、固形燃料のコンロを消しました。何も知らないよそ者のニワカキャンパーの愚行をそれ以上責めるわけでもなく、女性は私に興味を持ったようでいろいろと話しかけてきました。

顔を見ると、年のころは四十代の半ばくらいでしょうか。この近所に住んでいて、パートタイムでリゾートホテルの清掃員として働いているとのことでした。

ご主人もホテルマンらしいのですが、いまは鹿児島のホテルに単身赴任中で、子どもはいないそうです。

奥さんは、私がこのまま寝袋ひとつで寝るつもりなのを知ると、それはやめたほうがいいとまじめな顔で言いました。このあたりはハブが出るから野宿は危ないのだそうです。

ハブと聞いて私は青ざめました。もともと爬虫類は苦手ですし、致命的な毒を持っていることくらいは、さすがに無知な私も知っていました。

にわか仕込みの考えなしでは何をやってもダメなものです。やはり、これからでも宿を探すしかなさそうでした。

私はすがるような気持ちで、どこかホテルを紹介してもらえないかと頭を下げると、奥さんは自宅に来るように誘ってくれたのです。

奥さんとしては、最初からそのつもりだったと思います。お風呂をすすめられて出てくると、私の衣服は洗濯されている最中で、代わりにご主人のものらしいスウェットの上下が用意されていました。

とまどいながらも着替えた私をソファに座らせると、隣に座る奥さんがしなだれかかってきました。

「ねぇ、これ飲んで……」

私は奥さんにすすめられて、焼酎をロックでしこたま飲まされました。

「ねぇ……私、ずっとご無沙汰で、すごく淋しいの……慰《なぐさ》めてくれない？」

二人とも酔いが回ってきた頃、そう言いながら、奥さんは私の下腹部に手を這わせました。スウェット生地の上からなでさする手の感触に、否も応もなく私のペニスは反応してしまい、すぐに勃起状態になりました。

「すてき。もう大きくなってるのね。直接さわってもいい？」

そう言うと同時に、奥さんの手がスウェットの中にもぐり込んできました。

陰茎に絡みつく指先が冷たく感じられたのをよく覚えています。風呂上がりの私はほてり気味でしたし、洗濯中だった奥さんの手は冷水で冷やされていましたから、それも当然でしょう。

そのひんやりした感触が刺激になって、私のペニスはますます硬く勃起したのでした。手指が陰茎に絡みつき、優しくしごきました。包皮は剝け、敏感な亀頭の粘膜に心地よく指先がまとわりつきます。

「ねえ、見せてもらってもいい？」

奥さんは私の返事も待たずに、スウェットのゴムに指をかけてずりおろしました。スウェットとトランクスを引き下げられて、勃起したペニスが立ち上がります。

「ああ、すごい、ピンピンだね。すてき。もっとよく見せてね？」

奥さんはソファをすべり降りて、私の正面の床にぺったりと座り込み、膝を割って身を乗り出します。太ももに肘を置き、私の腰を抱え込むような体勢でした。

「ああ、男の人のこれ、ほんとうに久しぶりなの……」

ため息をついてそう言うと、奥さんは両手を添えて私のペニスに頬ずりしました。どちらかというと持て余し気味のペニスを、そんなにありがたがってもらえる経験はなかなかありませんから、私としても悪い気分ではなかったのは言うまでもありません。

「舐めていい？　味わいたいの……」

奥さんはそう言って、すぼめた唇でちゅっと茎にキスすると、舌を出してぺろぺろと舐めはじめました。茎を舐め進み、舌は上に向かいます。やがて傘に至り、傘の裏側の敏感な部分を舐め回すと、今度は亀頭に舌を這わせました。

傘の縁をなぞるように舌が円を描きます。同心円は次第に縮まり、亀頭の中心の尿道の割れ目を舌先がなぞりました。

思わず吐息を洩らしてしまうくらいの気持ちよさでした。奥さんは、そんな私を上目づかいで観察しながら、亀頭を舐め回します。

「舐められるの好き？　好きだよね？　気持ちいいでしょ？」

「はい。気持ちいいです……」

そう答える私に、奥さんは満足げに微笑みました。

「もっと気持ちよくしてあげるからね？」

そう言うと奥さんは、私の亀頭を口に含みました。大口を開けて、がっぽりと咥え込んだのです。

冷たい指先とは違って、奥さんの口の中は温かく、心地よいものでした。まるでそこだけ入浴しているような感覚でした。

柔らかい頬肉の裏側が、亀頭に密着します。粘膜と粘膜の優しい接触が私を夢心地にしました。

奥さんはほんとうに深くペニスを咥え込みました。そんなに深いフェラチオをされるのは初めてでした。

咥えるというより、すでに呑み込むといったほうがいいくらいに深いものでした。亀頭の先端が奥さんののどちんこを喉の奥に押し込むほどの深さでした。ペニスの茎が根元まで呑み込まれ、奥さんの舌先が陰嚢に届くほどでした。

そんなに深い咽頭への異物の侵入は、嘔吐感を誘発するのではないかと思うのですが、特にそんなことはないようでした。慣れとか訓練でそんなことが可能になるのでしょうか。あるいは特異体質というべきものかもしれません。

とにかく、奥さんは私の陰茎を丸ごと呑み込んで、舌の根元を亀頭に絡みつかせ、舌先で玉袋をぺろぺろ舐め回しながら、フェラチオしてくれました。

あとにも先にも経験したことのないような、最高に気持ちいいフェラチオに、私はすぐにでも射精してしまいそうになりました。腰の奥に、じんわりと広がる感覚は、まちがいなく射精の予兆でした。

「あ、あの、もう出ちゃいそうなんですけど……」

私はあわててそう言いましたが、奥さんの舌技に手心が加えられることはありませんでした。

それどころか、上目づかいで私の様子をうれしそうに観察しながら、奥さんの頭が前後にピストン運動を始めたのです。

口中の柔らかい肉がペニス全体をしごき立て、ピンポイントに舌が刺激を送り込んできます。

「あの、ホントに出ちゃいますよ。このまま出しちゃっていいんですか？」

奥さんはペニスから口を離すことなく、うんうんとうなずきました。そのまま出せということのようでした。

亀頭を起点に腰の奥から脳天まで、快感が走り抜けました。もう我慢しようにも我慢できるものではありませんでした。

奥さんの温かな口の中で、亀頭が暴発しました。どくどくと噴出する精液のかたまりが尿道を押し広げて飛び出すのがわかりました。

「ああっ！」

女性じみた裏声で喘いでしまうなんて、とても恥ずかしかったのですが、思わず声が出てしまいました。

私の精液は、一滴残らず奥さんの口の中に吸い込まれました。ぐびりぐびりと喉を鳴らして、奥さんは全部を飲み下しました。

ねばねばと喉に絡まるだろう精液でしたが、そんなことは気にならないようでした。ほんの数滴、唇の端にこぼれたものまで舌で舐め取りました。

さらに射精の余韻にびくびくと痙攣するペニスに吸いついて、ちゅうっと音を立てて尿道に残る精液までも吸い上げ、それも飲み下しました。

私は情けない限りですが、あまりに強烈な絶頂体験に脱力して、ソファに身を投げ出したまま腰を抜かしたような状態でした。

「気持ちよかった？」

そう言われて、なんと答えればいいのでしょう。

「すごく、よかったです」

結局、そんなことをもごもごとつぶやくしかない私でした。それでも奥さんは満足そうに微笑んでくれました。

「ぼくも舐めましょうか」

私はおずおずとそう言いました。そうするのが礼儀ではないかと思ったからでした。

「ホントに？　舐めてくれるの？　いやなら無理することないんだよ？　いまのは私がしたくてしたんだから」

「ぼくも舐めたいです。いやですか？」

「ううん、そんなことない。うれしい」

奥さんはそう言うと立ち上がり、綿のロングワンピースのすそをたくし上げて、するするとパンティを脱ぎました。

奥さんにソファに浅く腰かけてもらって、交代するように、私がその足元にひざまずきました。

奄美大島の人はみんなそうですが、奥さんの肌はなめらかで張りもあり、四十代には思えない若々しさでした。私は太ももをなでさすってなめらかさを楽しみながら、あらためてワンピースのすそをめくっていきました。そのまま股間を露《あらわ》にします。

黒々と茂る陰毛が、すでににじみ出した愛液に濡れて光っていました。私は身を乗り出して、女陰にむしゃぶりつきました。

「あぅうんん……!」

奥さんは敏感に反応して、ソファの上で背筋をのけぞらせました。

私は奥さんがしてくれたように舌技を繰り出します。大陰唇をなぞり、小陰唇をめくり、膣口に舌先をねじ込ませて愛液をすくい取って女陰全体に塗り伸ばしました。

そのままクリトリスを舌先でもてあそぶように包皮もろとも舐め回しました。

「ああ、いい。気持ちいい……!」

経験豊かに思える四十路の女性に青二才の舌技がどこまで通用するのか、はなはだ心許《こころもと》ないところではありましたが、一所懸命さが伝わったのか、奥さんは十分感じてくれたと思います。

「ああ、じょうず、じょうずよ！　もっとして、気持ちいいのぉ！」

いくぶんはお世辞が入っていたかもしれませんが、それでも奥さんはのけぞり、ソファから転げ落ちんばかりの勢いで、股間を押しつけてきました。恥骨が私の鼻骨とぶつかって、目の奥に火花が散りました。

でもそれくらいでくじけるわけにはいきません。私は太ももを両腕で支えながら、クンニリングスを続けました。

「ねえ、指もちょうだい！　指、欲しいの……！」

私はクリトリスに吸いついて舌でいじりながら、指先を膣口に向かわせました。大した力を入れるまでもなく、愛液をたたえて開ききった膣口は、私の指先を迎え入れました。

指先が一気に最奥部に届きます。そこから指を手前に折り曲げて、裏側から尿道を刺激するように愛撫を繰り出しました。

「ああ、そこ、そこ感じる……感じるの。気持ちいい、それがいいの！　もっとよ、ああ、もっとしてぇ！」

私は求められるままに指で膣内をかき回しつづけました。奥さんが絶頂に達するのにそれほど時間はかからなかったと思います。

「ああ、イク、もうイク……イッちゃうぅ！」

そう叫んだかと思うと、奥さんは急に黙り込みました。呼吸さえ止めたようでした。その全身に力が込められ、両脚が八の字にピンと伸びました。

足指がぎゅっと内側に折り込まれるほど力が込められ、そのままぶるぶると痙攣して絶頂に達しました。

やがてがっくりと脱力して、ソファに沈み込むと、今度は過呼吸気味に激しく浅い呼吸を繰り返しました。大丈夫かと心配するくらいの様子でしたが、だんだんと過呼吸はおさまっていくようでした。

「……ねえ、まだ勃《た》つ？　入れられそう？」

呼吸がととのうと、隣に座り直した私にしなだれかかって、奥さんはまた私の股間に手を伸ばしました。

だらしなく萎《な》えていたペニスでしたが、奥さんの指が絡められたとたんに、再び力を取り戻しはじめました。

「大丈夫みたいね」

奥さんはうれしそうに言うと、そのまま私の脚の上に頭を置いて、亀頭を口に含みました。

「あっ……」

射精したばかりの亀頭は敏感で、ちろちろとまとわりつく舌先に、くすぐったいような感覚さえありましたが、それでも血流は促進され、海綿体を硬くさせました。

再び完全勃起したペニスを見届けると、奥さんは満足げに微笑み、私の正面に立ち上がってワンピースを脱ぎ、全裸になりました。

肌のなめらかさだけではなく、乳房も尻も張りのある、若々しい裸体でした。出産を経験していないからでしょうか、お腹にもたるみはありません。

奥さんの体は、とても四十路には見えませんでした。

「あなたも脱いで！　裸、見せて！」

言われるままに、私はスウェットの上下を脱ぎ、トランクスも脱ぎ捨てて裸になりました。スポーツに縁のない私ですから、自慢できるような体ではないのですが、奥さんは気に入ってくれたようでした。

「若いっていいね……」

奥さんは、私の体のあちこちをなでさすり、唇をつけ、舌を這わせました。じらされて勃起はますます激しくなり、飢餓感があおられました。

「あの……そろそろ入れませんか？」

思わずそんなことを口走ってしまいましたが、それを聞いて奥さんはうれしそうでした。

「入れたいの？　私のアソコに、おち○ちん、突っ込みたいの？」

そんなことを言いました。

「入れたいです。もう我慢できません」

言わされたみたいなものでしたが、奥さんは私の答に満足げに微笑むと、やっと私に跨《また》がってくれました。

亀頭を膣口に押し当てると、奥さんが腰を落とし、ペニスはずぶずぶと膣内に呑み込まれていきました。

「ああ、硬い！　すごく勃ってるのね、すごいね……」

うっとりとつぶやきながら、奥さんはさらに腰を落とし、ぺったりと私の膝に尻をつけました。ペニスは根元まで膣内に呑み込まれ、亀頭の先端が最奥部に届きました。

奥さんの膣内は口の中よりもさらに熱く、咥え込んだ私のペニスを優しく締め上げるのでした。

「ああ、深い……奥まで突いてるぅ！」

奥さんは私の膝の上で背筋をのけぞらせて、喘ぎ声をあげました。

私は奥さんの体を支えるために抱きすくめました。肌と肌がこすれ合い、お互いの汗がぬるぬると密着度を増します。

私たちは唇を合わせ、舌を差し入れ合って絡ませました。

「ああ、気持ちいい。セックスってすてき。これがない生活なんて、考えられない」

奥さんの言うことはもっともで、私も同じ意見でした。

何年も恋人がいない状態で、オナニーさえ忘れていたなんて、これまでの自分の生活が信じられないくらいでした。仕事に行き詰まるのも当然でした。

私は無味乾燥なこれまでの生活を埋め合わせるように、夢中で奥さんの唇をむさぼり、汗まみれの肉体を味わい尽くしました。

抱きすくめた奥さんの体を、今度は私が上になるようにソファに押し倒しました。自由になった腰でピストンを繰り出します。

「あ、あ、あん、あぁぁんん！」

私が体重を乗せて腰を突き入れるのに合わせて、奥さんが喘ぎ声をあげます。私はおおいかぶさって、奥さんの唇にむしゃぶりつき、乳房をもみしだきました。張りのある乳房が私の手の中でつぶれます。

私は、たまらなくなって、やや大きめの乳首にもむしゃぶりつきました。ちゅうちゅうと音を立てて吸いつき、舌で乳首を転がします。

「ああ、それも気持ちいい……もっと吸って！」

私は求められるままに乳首を吸い立てましたが、奥さんとしてはもっと強い刺激を求めていたようです。

「嚙んで！　歯を立てて嚙んでほしいの！」

それがご主人のやり方なのか、あるいは子どもを持たなかったことと何か関係があるのかわかりません。いちいち詮索《せんさく》するのもはばかられます。とにかく私は、言われるままに、乳首を甘嚙みし歯を立てて愛撫しました。

「ああ、すごくいい……気持ちいい！」

私は乳房をもみ潰し、乳首を甘嚙みしながら、腰を叩きつけました。

奥さんは高く上げた両脚を私の腰に回して、尻を抱え込むようにして腰をうねらせます。筋肉が連動しているのか、膣口がぎゅっと締まり、膣内の肉が陰茎を締め上げました。ともすれば、そのまま射精してしまいそうな心地よさでした。

先ほど射精しておいてよかったと、私は胸をなでおろしました。まだもう少しは射精を先送りできそうでした。

「ねえ、後ろからもして！　後ろからされるのが好きなの……」

体位を変えるためにいったんペニスを抜こうとする私を、奥さんが尻を抱え込む脚に力を込めて阻止しました。

「あ、抜かないで、入れたままにして」

「え？　でも、今度は後ろからって……」

「抜かなくても、体位は変えられるでしょ？　とにかく抜かないで！　ずっと入れていたいの……わかるでしょ？」

そう言われても、私のこれまでの人生で、そんなことを言われたことはありませんから、実感はできません。でも、もちろん悪い気はしませんでした。

私は挿入したままで、奥さんの体を裏返して体位をバックに変えました。

奥さんの張りのある肉厚な尻が私に向けられます。それは刺激的な光景でした。

二つの白い肉の丘に挟まれて、色素沈着に色づいた深い谷があり、肛門のすぼまりから私のペニスを深々と咥え込んでいっぱいに広げられた膣口までが、全部眼下に観察できました。溢れ出した愛液がピストンの摩擦でメレンゲ状に泡立っています。

私は、奥さんの尻肉をわしづかみにして、背後から腰を突き入れました。硬度を増した陰茎が、膣内の肉を貫きます。

「ああ、それ、気持ちいい！　いちばんイイところに当たるの。それがいいの！」

奥さんは背筋をのけぞらせて喘ぎました。

私は勢い込んで、ピストンを繰り出しました。私の下腹部と奥さんの尻肉がぶつかって、パンパンと小気味のよい音がリズミカルに響きます。

「あん、あん、あん、あん、あんん！」

奥さんの喘ぎが、合いの手のようにそれに加わります。

なんとか先送りにしてきた射精でしたが、そろそろ限界が近づいていました。腰の奥に重だるい感覚があり、そんなに長くは我慢できないことを伝えていました。

「いつでもイッていいからね……中で出しちゃってかまわないから」

奥さんが肩越しに言いました。

避妊しているのか、妊娠しにくい体質なのか、とにかく、そんなことを聞かされて、より射精が身近に感じられたのは言うまでもありません。

しかし、限界が近いのは私だけではありませんでした。奥さんもまた、絶頂寸前のようでした。喘ぎ声はどんどん大きくなり、背筋ののけぞりも尻振りもどんどん激しさを増していました。

「ああ、イク、イキそうなの……またイッちゃう！　もうイッちゃうぅ！」

なんとか先にイカせたいところでした。男の私が女性を置いてけぼりにして先に射精してしまうわけにはいきません。

私は腰を繰り出してピストンを続けながら、一方の手を奥さんの前に回してクリトリスを刺激しました。もう一方の手は、唾を垂らした親指で肛門を愛撫します。

「ああ、それも気持ちいい！　もっと、もっとしてぇ！」

私の努力が功を奏したようで、奥さんが先に達しました。

「ああっ！」

奥さんはひと声叫んで、ヨガの猫のポーズのように、ぐんと背筋をのけぞらせて、そのまま硬直しました。

「うう、う、うあぁ……」

開いた大口からヨダレをこぼしながら、がくがくと全身を痙攣させていました。

その様子を見届けながら、私も二度目の射精を果たしたのでした。

まるで、誰かに尻を蹴飛ばされたような感覚でした。二度目にもかかわらず、私の中身が全部出てしまうんじゃないかと思うほどの激しい射精でした。

私はどくどくと飛び出しつづける精液を、全部奥さんの体内に注入しました。

一夜が明け、私は朝食までごちそうになって、仕事に向かう彼女といっしょに家を出ました。「いつでもまたいらっしゃい」と言われて、昨晩の行為を思い出し、思わず赤面してしまったものです。

東京に戻り、なんとか就職して日々仕事に追われる私ですが、今度の会社は辞めることもなく続けられています。辞めたくなったらいつでも辞めて、またあの人妻に会いにいける。皮肉なもので、そう思っていると多少職場でいやなことがあっても、我慢できてしまうのです。

野外キャンプ場の狭いテントの中……夫の目を盗みながら背徳の不倫アクメ

佐久間栞里　専業主婦　四十四歳

都内在住の主婦です。二つ年上の夫とは共働きで、子どもはいません。

夫とはお互い三十路を過ぎてから結婚したので、もともとあまりセックスにがっついてはいない、性的には淡泊な落ち着いた関係でした。

でも私、なぜか四十歳を過ぎて、じょじょに性欲が強くなってきたんです。夜など、私から夫を求めることが増えました。

でも肝心の夫は、それと反比例するように精力が減退してしまったようで、私が求めても拒否されたり、いざことに及んでも中折れしてしまったりの連続です。

私はちっとも満足を得られない、欲求不満気味の生活を送っていました。

そんな中、家族ぐるみのつきあいをしている北島《きたじま》さん夫婦に誘われ、四人で奥秩父《おくちちぶ》のキャンプ場に行くことになりました。

北島さんの旦那さんの雄二《ゆうじ》さんは、夫と大学時代の同級生です。ともに山岳部で、いまでもこうしていっしょにアウトドアに興じる間柄です。男同士のときは山に登っているみたいですが、夫婦で行くのでキャンプになりました。

出かけたのはもう二年以上前、夏の暑い盛《さか》りの時期でした。車を出したのは私の夫です。ただキャンプだけではつまらないので、途中で秩父の市街地にも寄りました。

私はこのとき初めて秩父に行ったのですが、街中は都内と違って古い建物が保存されていて、昭和の風情《ふぜい》が残っている、とてもいい雰囲気の場所でした。

「すごくいい場所……こんな場所に住んでみたいなあ」

いやがうえにも旅情をかき立てられます。まるで映画のセットの中に迷い込んだみたいで、いま思えばこのときから私は非日常的な感覚に陥《おちい》っていた気がします。

ついつい長居して、キャンプ場に着いたときには日が傾きかけていました。男性陣が急いでテントを張って、まずはコーヒーを沸かして一服しました。

都会では味わえない澄《す》んだ空気の中で、身も心もリフレッシュしたあとは、持ち寄ったウイスキーや焼酎で宴会になりました。

大人になっても、こうして野外で騒いでいると若々しい気持ちになれます。

私には、そんな部分でひそかな期待もありました。

夜になれば、夫婦それぞれのテントに分かれて過ごします。

旅先のテントの中で非日常感を味わえば、いつもとは違う気持ちになって、夫も私に欲情してくれるんじゃないかって……そんな期待が胸の中にあったんです。

でも、その期待は空振りに終わりました。

夫は羽目をはずしてお酒を飲みすぎて、すっかり泥酔してしまったのです。

テントに入ったあとはすぐに高イビキです。

「ねえ、ちょっと起きてよ……少しぐらい、さあ……」

私がそう言って揺さぶっても、目を覚《さ》ます気配はありません。ずっと車の運転もしていたし、テントも張ってくれたので、仕方ないと言えばそうなんですが……。

そんなとき、テントの外から懐中電灯の明かりが見えました。

雄二さんがこちらを訪ねてきたんです。

「なんだか、寝つけなくて……」

雄二さんも、奥さんの紀子《のりこ》さんが寝てしまったらしく、私たちのテントまで遊びにきたのです。お互い同じシチュエーションだとわかって、雄二さんと私は、夫が寝ている横であらためてお酒を飲みはじめました。

「奥さん、お酒強いですよねえ」

「っていうか、旦那が弱すぎるんだよね……」

そんなことを言って笑い合っていました。そのうち私も酔いが回って、だんだんあけすけできわどい会話を雄二さんと交わすようになってきました。

「弱いのはお酒だけじゃないの、この人、あっちも全然弱いんだから」

そう言って私は夫の頭を小突きましたが、微動だにしません。

「へええ、そうなんですか……」

雄二さんは私の言葉に、なんだか妙に反応しています。心なしか、私のことをじっくりと見ているように感じました。そんな雄二さんの様子を見ていたら、私はなんだか悪戯《いたずら》心がわき起こってきちゃったんです。

お酒を飲みながら、私は少し前かがみになってみせました。そのときの私の姿はタンクトップに短パン、そこに薄手のパーカーを羽織っているという状態でした。すぐに、雄二さんの視線が自分の胸元に来るのがわかりました。

(あはは……見てる見てる)

私は内心、そう喜んでいました。

実はその日、テントを設営する作業で動いていたときも、タンクトップで強調された私の胸を雄二さんがチラチラ盗み見ているのに、私は気づいていたんです。

私の胸はEカップあって、子どもも産んでいないのでけっこう形も維持できていると自分では思っています。すれ違いざまに人に見られることも多いですが、こうやって既婚者の男性の視線を自分のものにできると、雄二さんの奥さんには悪いですが、なんとも言えない優越感をおぼえてしまいます。

そのまま飲みつづけているうちに、雄二さんはもうごまかしもせずに私の胸を凝視しているような状態になってきました。

「いやあ、こんな魅力的な体を放っておくなんて、俺にはできませんけどね……」

雄二さんはそんなことを言いながら、お酒のコップを口に運んでいます。その間もずっと、私の胸を……いえ、胸だけでなく体全体を見つめてきました。

狭いテントの中に、異様な雰囲気がただよいはじめました。

「見てるだけじゃつまんないでしょ？　ちょっと触ってみる？」

私は冗談交じりに、そんなことを言ってみました。

すぐ隣で夫が寝ているんですから、本気で言ったわけではありません。なんとなく危うい雰囲気になってきたので、場を和《なご》まそうと思って言ったんです。

でも、雄二さんは笑いもせずに、私の胸に向かって手を伸ばしてきました。

（え、ウソでしょ？）

気づいたときには、雄二さんの手が私の胸をしっかりとつかんでいました。ふれるなんていう生やさしいものではなく、しっかりわしづかみにしてもんできたんです。

「ふん……」

思わずおかしな声が洩れて、私はとっさに夫のほうを見てしまいました。

夫は相変わらず呑気にイビキをかいて、眠っていました。それを見て、私はなんだかむしょうに腹が立ってきました。自分の妻が襲われかかっているというのに……。

「すごい……やっぱり、大きいっすね」

雄二さんが、顔を紅潮させながら私の胸と顔を交互に見ています。おっぱいの形を確認するように、手のひらを上にしたり下から支えたり、グニュグニュとゴムまりを扱うようにもんでくるんです。

「んん……も、もう、いいでしょ……変な感じになっちゃう」

私は体をモジモジと動かしてしまいました。隣に夫が寝ているこんな状況でエッチなことをされるなんて、初めての経験でとまどっていたんです。

「うん、でも……」

雄二さんは私の胸から手を離そうとしません。

「これ、止まらないんだよ……離せなくなっちゃった」

私は雄二さんの股間に目をやりました。雄二さんも短パン姿でしたが、その股間ははっきりと盛り上がっていました。そして雄二さんはその大きなふくらみを私の目から隠そうともしなかったんです。

私は自分が感じているのをごまかすように、雄二さんの股間に手を伸ばしていました。硬くなりかけていた肉のかたまりが、すぐに本格的にふくらんできました。

「ああっ……！」

雄二さんも声をあげて、寝ている夫のほうをチラッと見ました。

「ふふふ、お返し……」

私はそう言って、雄二さんのふくらんだ肉の棒を手で包み込んで、ゆっくり上下に動かしました。冗談でしているうちに、私自身も興奮しちゃったんです。

(すごく大きいじゃない……)

私は内心、ため息をついていました。夫のそれよりも、一回り大きいんです。

雄二さんの顔からは、ふざけた表情が消えていました。私のおっぱいをもみながら狭いテントの中をだんだんと私のほうににじり寄って、ついにはぴったりと体を寄せてきました。お互いの体がほてっているのが、はっきりと感じられました。

気づいたときには、雄二さんは止まらない状態になっていました。

「奥さん……」

押し殺した声で囁《ささや》くと、ずっとおっぱいをもんでいた手を離して、私の体を強く抱き締めてきたんです。唇が近づいてきます。私はもう逃げられませんでした。

「んあ、ん……」

こんなキスはいつ以来だろうというような、情熱的なキスをされました。

私はキスされながら薄目を開けて、夫のほうを見ていました。

夫は寝返りさえ打つことなく、熟睡しています。起きる気配はまったくありませんが、夫の顔を見ながらほかの男性にキスをされるというのは、異常な気分でした。

そして、その異常さに、私の本能は燃え上がってしまったんです。

私も雄二さんを抱き締めました。でも、片手ではしっかりと雄二さんのオチ〇チンをつかんで動かしたままです。私も、手を離すことができなかったんです。

「う、んん、ん……まずいよ、このままじゃ……」

雄二さんが、唇を離して、苦しそうにそう言いました。

「俺、奥さんのアソコでイキたい……」

そう耳元に囁かれて、私は体の芯が燃えるように熱くなりました。

「アソコって……ここのこと?」

私は雄二さんの耳に、吐息といっしょにそんなセリフを吹き込みました。

そして雄二さんの手をとって、自分の股間へと導いていったんです。雄二さんは私の薄手の短パンの上から、上下になぞるように割れ目に指先を這わせました。

「すごい、これだけでもしっとりしてるのがわかる……」

雄二さんの心臓の鼓動も、私には伝わってきました。指先に感じて、ますます性器が濡れていくのが、見なくてもわかりました。

雄二さんが、私の短パンの中に、指先を突っ込んできました。

それまでの布越しの感触ではなく、じかに指にふれてきたんです。

「はんっ！」

思わず大きな声が出てしまい、雄二さんと私は同時に夫のほうを見ました。

夫は変化なしで、起きようとはしません。

雄二さんと私は、顔を見合わせて声を立てずに笑いました。

なんだかゲームをしているようで、おかしくなってしまったんです。夫の目を覚まさずに、どこまでエッチなことができるかというゲームです。

私も雄二さんの短パンの中に手を入れました。そして直接指先でふれて、その大きな肉の棒の感触を味わったんです。

「ああ、気持ちいい……」

雄二さんがため息交じりにそう言いました。そしてお返しのように、私のアソコにふれてきます。指先が濡れた穴をほじって、クリトリスも刺激されました。

私の体の力も、それですっかり抜けきってしまったのです。

「あ、はあ……」

もうこの時点では、雄二さんと最後までいってしまうかもしれないという心境になっていました。ここまで感じてしまった肉体は、一度絶頂してしまわないと我慢できないだろうと、自分でもそう思えたんです。

それにしても、不思議なくらい体が感じました。

それは雄二さんのテクニックがすごかったからというだけではなく、声を出したら夫が目を覚ましてしまうかもというスリルのせいで、よりいっそう体の感度がよくなっていたのかもしれません。

「うんっ！」

クリトリスを急に強く刺激されて、私は思わず大きな声をあげてしまいました。

私は自分の口を塞《ふさ》いで快感に耐えました。いくら鈍感で、一度寝たら目を覚まさない夫とはいえ、すぐそばで大きな声を出すわけにはいきません。

それに、隣のテントでは雄二さんの奥さんも眠っています。大きな声を出すわけにはいけません。でもそんな危険を意識するほど、アソコが濡れてしまうんです。

雄二さんの指先を、自分の出した愛液がドロドロに濡らしているのが、はっきりとわかりました。ニチャニチャという音さえ聞こえます。

「だ、だめ、これ以上は……」

私は震えながら懇願しましたが、それがかえって雄二さんの嗜虐《しぎゃく》心を刺激してしまったかのようでした。雄二さんは、激しく膣に指先を出し入れしてきました。

「やっ！」

私は雄二さんにしがみついて、肩のあたりに噛みつきました。そうしないと、大声を出してしまいそうだったんです。私は、指先だけで絶頂させられてしまったんです。

「ああ……」

私は全身の力が抜けて、雄二さんの肩から口を離しました。

雄二さんが、私のアソコから抜いた人差し指と中指を、私の目の前に差し出して見せつけてきました。

「ほら、こんなにベトベトになってる……」

テントの中の微かな灯りに、指先をかざして私に見せてくるんです。

確かに、指先にはネットリと白濁した体液がまとわりついていました。まるで男性の精液のようにねばっこい、濃い愛液で、見ている私が恥ずかしくなりました。

「やめてよ……意地悪……」

私がそう言っても雄二さんは悪戯っぽく笑っているばかりです。私はなんだか仕返しをしたい気分になってきました。

「こうしてやるんだから……」

私は腹這いになって、雄二さんの下半身に襲いかかりました。

「あっ!?」

驚く雄二さんの短パンと、その下のボクサーパンツも脱がしてしまいました。そして少し興奮がおさまった状態になっていたペニスにキスをしたんです。

今度は雄二さんが口を手で塞ぐ番でした。

「う、ん……」

少し先端を濡らしていたペニスが、みるみる限界までふくらんでいきます。

舌先で根元から亀頭まで舐め上げて興奮させてあげたあと、私はすっぽりと口で咥え込みました。そして口を使って、上下にしごいてあげたんです。

「あ、ちょっと……」

雄二さんが感に堪《た》えないという声を出してきました。眉間に皺を寄せて気持ちよさと戦っているのがわかります。

その様子を見ながら、私はついニヤニヤしてしまいました。

思えば、夫に口でしてあげるときには、夫の顔を見ることはありません。ちょっと恥ずかしいから、自分でも「見ないで」と言います。

でも、雄二さん相手には、それができました。

（セックスフレンドとするエッチって、こういうものなのかな？）

舐めながら、私はそんなことを考えていました。

ビクビクと、口の中のものが痙攣するのを感じました。

私の口の端から、ヨダレが流れ出ました。ラストスパートのように、私はそれまで以上に激しく頭を上下にピストンさせました。

雄二さんの手が、私の頭を抑えつけてきました。でもそれに逆らうように、さらに激しく動かしたんです。

「うぐっ……ん！」

やがて雄二さんの脚が、ぴーんとひきつったように伸ばされて、私の口の中に青臭い匂いが広がっていきました。

（やった！）

雄二さんを、口だけでイカせてあげたのです。なんとも言えない、してやったりという感じの達成感がありました。

私は口の中に出されたものを、迷ったあげく全部飲んであげました。

「飲んじゃったんだ……」

雄二さんは、感動したような顔で私を見つめていました。そのことにも、私は何か達成感を感じてしまいました。

「わかってると思うけど、絶対にナイショだからね……」

私はそう言って、乱れた服を直そうとしましたが、雄二さんはそれを許してはくれませんでした。

私の手をつかんで、Tシャツも、その下のブラも剝ぎ取ったのです。

「あ、だめ！」

私はこのまま、一線を越えることなく終えようとしたのですが、雄二さんのほうは収まりがつかなくなってしまったんです。

見ると、雄二さんのオチ○チンは萎《しな》びることなく、ふくらんだままでした。

「しっ……静かにしないと」

雄二さんはそう言って、私を背後から抱え込んで口を塞いできました。

男性に口を塞がれるというのは初めての体験で、私はなんだかドキドキしてしまいました。やはり、男性の力にはかなわないと実感させられて、興奮したんです。

「んん、むん……」

片手で私の口を塞いだまま、雄二さんは私の胸をもんできます。いやらしく指を動かして、乳首の先端をつまんで、ひねったりしてくるんです。

静かにしないとなんて言っておきながら、こんなことをされたらどうしてもいやらしい声が出てしまいます。

「あ、はぐぅ……」

口を塞いでいた雄二さんの手の指が、私の口をこじ開けてきました。突っ込まれた指先をどうしていいのかわからず、私はオチ○チンと同じように舐め回しました。

興奮した雄二さんの熱い下半身が、私のお尻に押し当てられます。

(だめ、これ以上は……)

硬くなった先端が、私のアソコをつんつんと突いてきます。雄二さんは、ゴムもないのに入れようとしているのです。

雄二さんが私の腰をつかんで引っぱりました。私の体が前に倒れて、うつ伏せになってしまいました。私の目の前に夫の寝顔がある状態でした。

「ちょっと……やめてえ……」

しかし雄二さんは止まりません。

私のお尻をなで回しながら、ときおり平手でぱちんと叩いたりしています。

「すごく、いいお尻ですね……」

小さな、でも興奮した声で雄二さんはそう言いました。

そして不意打ちするように、いきなりオチ○チンを入れてきたんです。

「あんっ……」

大きな声が出そうになりましたが必死で耐えました。それでも、小さな悲鳴が洩れてしまいました。

目の前には夫の顔があります。それを見ながら犬のように四つん這いになって、バックでオチ○チンを入れられているのです。

こんなに背徳的な感情を持ったことは、これまでの人生でありません。

バックになった自分のアソコが大きく広がって、夫より大きな雄二さんのオチ○チンを根元まで咥え込んでいます。ドロドロに濡らしているのが、自分でもわかりました。雄二さんはゆっくり、腰を前後に動かします。

上のほうに突き上げるような動きで、そのたびに膣内の少し狭くなったところを擦られて、どんなにこらえても声が出てしまいます。

「んっ……んっ、んっ！」

はっきり言って、気持ちよくてたまりませんでした。

これまで、こんなに気持ちのいいセックスをしたことはありません。

長年のセックスレスで溜まりに溜まった欲求不満が、一気に解消されていくのを感じます。その快感で、罪悪感も消し飛んでしまうんです。

目の前で寝ている夫の寝息が自分の顔にかかりそうな位置です。そんな体勢で、私は最高の快感に体をふるわせているんです。

「ん、あ……」

雄二さんのこもったような声が聞こえてきました。

私のほうでもオマ〇コをぎゅっと締めつけて、腰を動かしたんです。四つん這いになったまま、お尻を雄二さんの下半身にぶつけるように動かしました。

雄二さんのオチ〇チンが、私の中でさらに一回り大きくなったようでした。

「うっ……あっ、はっ！」

小さな声ですが、本気で感じているのが雄二さんの喘ぎでよくわかりました。

私のオマ○コも、もう限界でした。

「あん……お願い、きて……」

私のお願いをきっかけにして、雄二さんが腰の動きを速めてきました。打ちつけ合う肌の音が、テント内に響きます。

「ああ……ああっ！」

私は上半身を支えきれなくなって、ガクンと大きく倒れました。絶頂してしまったんです。すぐあとに、雄二さんは私のお尻の上に、熱いものを出して果てました。

雄二さんと私がそれからどうなったかというと、実はそれっきりなんです。

お互い顔を合わせても、あの日の出来事を口にすることはありません。

あれはキャンプ場のテントの中という、非日常空間だから起こったことなのでしょう。

でも、私はできればもう一度、雄二さんとキャンプに行きたいんです……。

寝台列車で出会った巨乳妻に誘惑され揺れる車内でドキドキの童貞喪失体験

下川和則　会社員　五十二歳

いまから三十年以上も昔、私が二十歳の大学生だったころの話です。

大学が夏休みに入ると、私はかねてから計画していた旅行に出ることにしました。

寝台列車を使った九州への旅です。

当時はまだ寝台列車がいくつも運行していて、のんびりと夜景を見ながらの鉄道旅行も一般的でした。私は一度も寝台列車に乗ったことがなく、どういうものか体験してみたかったのです。

私が買ったのはもっとも安い寝台券でした。いざ乗ってみると、寝台用の車両にはおおぜいの人がいます。私と同じように夏休みの旅行に出る学生も多いようです。

肝心のベッドはというと、通路の脇に並んでいる二段ベッドの下の段でした。

通路との仕切りはカーテンしかなく、当然、話し声や足音も丸聞こえです。一人が寝るだけのスペースしかないのでかなり狭く感じました。

しかし初めての一人旅で興奮していた私は、そんな窮屈さなどまったく気にならずに旅を楽しんでいました。

寝台列車のもう一つの楽しみが食堂車です。車両が丸ごと食堂となっており、こちらもおおぜいの人で賑《にぎ》わっていました。

メニューは普通のレストランと変わりありませんが、こういう場所で食事ができるのも列車旅ならではは味わいがありました。

ここで私は、一人の女性と出会いました。

たまたまカウンターの隣の席に座っていたその女性は、年齢でいえば三十代の半ばぐらい。とてもきれいで色っぽく、退屈そうに料理が出てくるのを待っています。

ウブな大学生だった私は、どうしても隣の席の女性が気になって仕方ありませんでした。なにしろ美人なうえに、大きな胸が窮屈そうに服を押し上げているのです。

そうやって私がチラチラと見ていたからでしょうか、退屈そうにしていた彼女が私に話しかけてきてくれたのです。

「ねぇ、あなたはどこに行くの?」

「えっ!　ぼくは……ちょっと福岡へ旅行に」

突然だったので緊張し、言葉に詰まってしまいました。

それを見た彼女は、クスクスとおかしそうに笑っています。

「私は長崎まで里帰りする途中なの。父が骨折で入院中だからそのお見舞いに」

彼女の名前は文恵《ふみえ》さんで、十歳の娘がいる主婦だということです。子どもは旦那さんに任せて一人で帰省しているのは、お見舞いは半分言いわけみたいなもので、たまにはのんびり一人旅をしたかったからだとか。

見た目も若くてきれいなので、とても人妻には見えませんでした。私たちは歓談しながら食事をし、楽しいひとときを過ごしました。

食堂車での夕食を終えると、文恵さんとも別れて自分のベッドへ戻りました。

思いがけない年上の女性との出会いで、旅の気分もさらに高まります。もうちょっとだけあの胸を見ていたかったと、そんなことを一人で考えていました。

それから数時間後、ぐっすり眠っていた私は、深夜にトイレに行きたくなり目を覚ましました。

するとトイレの前でばったり会ったのは、なんと文恵さんでした。

「あら、また会ったわね」

偶然とはいえ再会できて驚きました。しかも食堂車で会ったときとは服装も違い、胸元も露《あらわ》なシャツにショートパンツという格好です。

「ちょうどよかった。これから寝る前にお酒を飲もうと思ってたの。キミもいっしょに飲まない？」

「えっ、でも食堂車はもう閉まってますよ」

私がそう言うと、食堂車ではなく自分のベッドで飲もうというのです。

しかし、寝台列車で深夜の酒盛りは周囲の迷惑ではないか。そう思っていましたが、案内されたのはもっとも高い個室寝台の部屋でした。

カーテンしか仕切りのない私のベッドとは違い、ドアのついたきちんとした個室になっています。ベッドだけでなくテーブルも置いてあり、二人でもじゅうぶんなスペースがありました。

ベッドに並んで腰かけた私たちは、さっそく彼女が買い置きしていたビールで乾杯をしました。

「キミがいてくれてよかった。のんびりできるのはいいけど、この列車に乗ってからずっと退屈だったのよねぇ。お酒も一人だとおいしくないじゃない？」

そう言って、私と出会えたことをうれしそうに語っていましたが、私もまったく同じ気持ちでした。

きれいな女性とお酒が飲めるだけではありません。目に入ってくるのは、彼女のくだけた格好です。

シャツ一枚だと胸の大きさがさらに強調され、胸の谷間まで堂々とさらけ出しているのです。おまけにショートパンツからのぞく太ももが、色っぽくてたまりません。

彼女は次々と缶ビールを空けていき、次第に酔いが回ってきたようでした。

「あなたって彼女いないの？　大学生なのに？」

もともと酒癖が悪いのか、私に絡んでくるようになったのです。

さらに私が童貞だと知ると、ますます調子に乗ってからかってきました。

「だから私の胸ばっかりチラチラ見てたのね。ダメよ、若いんだから彼女ぐらいつくらなきゃ。でなきゃ、先にこんなオバサンに手を出されちゃうかもよ……」

彼女は冗談ぽく笑っていますが、ただでさえ距離が近かったのに、肩を組んできたのです。

やわらかな胸の感触を押しつけられた私は、おとなしくうつむいていました。困ったことに女性の前だというのに、ズボンの中身が硬くなってきたのです。

「あ、もしかして本気にしちゃった？」

彼女はそんな私の顔を見ながら、ますますニタニタとうれしそうに笑いました。

もちろん彼女の言葉を本気にはしていませんでした。ただの冗談で年下の男をからかっているだけだと、そう思っていたのです。

ところが次に出てきた彼女の言葉に、私は驚かされました。

「ねぇ、ここでエッチしちゃおうか」

「えっ……」

「ちょうど個室なんだし、ちっちゃなホテルみたいなもんでしょ。声さえ出さなければだいじょうぶだって」

あまりの大胆な誘いに言葉を失っていると、彼女はおもむろにシャツを脱ぎはじめていました。

いくら周囲を壁に仕切られているとはいえ、ここは列車の中です。隣には人がいるかもしれないし、声だって洩れてしまうかもしれません。

にもかかわらず、彼女はもう上半身裸になり、ブラジャーも脱いでいました。

揺れながらこぼれてきた巨乳に、もう目が釘づけです。私は彼女を止めるどころか、裸になってゆくさまを見つめているしかできませんでした。

「そんな真剣に見ないの。けっこう年なんだから、肌が衰えてきてるのバレちゃうじゃない……」

そうは言ってもまだまだ若く見えますし、なにより胸の大きさが強烈です。大きさは軽く手のひらを超えてしまうほどあり、まるでバレーボールのようでした。それを自慢げに見せつけながら、彼女は私のすぐ間近に迫ってきました。

「キミ、女の人の体、さわったことないでしょう?」

「は、はい……」

「じゃあ、私がいろいろと教えてあげる。まずおっぱいからさわってみて」

冗談なのか本気なのか、すぐには判別がつきませんでした。それでも私は吸い寄せられるように、彼女の胸に手を伸ばしていました。

ぐにゃりとやわらかな感触が胸のふくらみから伝わってきます。その温かさや弾力は、私が初めて感じるものでした。

最初は恐るおそるさわっていましたが、彼女が何も言わないのをいいことに、私も大胆になっていきました。

両手で胸をもむだけでなく、大きめの乳首も指でつまんでみせます。コリコリと硬くなっていました。

「なかなかじょうずじゃない。ほんとうに初めてなの?」

からかい口調でそう言っていますが、私は真剣でした。どうすれば感じるか、そればかりを考えていました。

すると彼女は私の頭を両手で抱え、胸に抱き寄せてくれたのです。顔に当たるやわらかな肌は、とてもいい匂いがしました。まるで母親の胸に甘えている子どものような気分です。

「ほら、吸わせてあげる。赤ん坊みたいにチューチューしていいのよ」

私は喜んで乳首を口に含みました。噛まないように気をつけながら、唇で乳首を挟んで吸い上げてやりました。

母乳は出ませんでしたが、乳首の大きさは指先ぐらいあります。そこを舐めたり吸ったりしていると、だんだん彼女の口数も少なくなってきました。

「んっ……」

そう小さな声を出し、私の背中を優しくなでてくれたので、彼女も感じていることがわかりました。

いま文恵さんは私の愛撫で気持ちよくなっている。そう思うと興奮し、愛撫にも力が入りました。

「あはは、ちょっと、ストップストップ!」

突然、彼女に背中を叩かれて、私はあわてて口を離しました。

どうやら力が入りすぎて、乳首を吸う力が加減できていなかったようです。夢中になっていてまったく気づきませんでした。

もしかして怒らせてしまったのではないかと不安になりましたが、まったくそんなことはありませんでした。それどころか自分の体にそこまで夢中になっていることを、気に入ってくれたのです。

「もう何年も旦那とセックスしてないから、こんなにガツガツされたの久しぶりだったの。ちょっとうれしくなっちゃった」

どうやら彼女は旦那さんに抱いてもらえず、かなり欲求不満だったようです。

そのお返しなのか、今度は彼女から私にキスをしてくれました。唇を重ねるだけでなく、舌も私の唇をこじ開けて入れてきました。

もちろん私にとってはファーストキスです。お酒のにおいがしましたが、そんなことはまったく気になりません。

それよりもねっとりと舌を絡みつかせる大人のキスに、私は体の力が抜け落ちそうになっていました。

「どうだった？　よかった？」

たっぷりキスに時間を使ったあとにそう聞かれ、私は黙ってうなずきました。

すでにギンギンだったペニスも、ズボンの中で破裂しそうになっています。彼女も私の股間に目をやり、それに気づいているようでした。

「じゃあ、二人でいっしょに下を脱ごうか」

彼女の提案で、私たちは同時に下にはいていたものを脱ぎはじめました。

私がもたつきながらズボンを脱いでいると、文恵さんはすでにショートパンツを下着ごとおろしていました。目の前にしゃがみ込み、私が脱ぐのを待っています。

「ほら、早く脱いで脱いで。私だけ裸なんてズルいじゃない」

彼女はひと足先にすっ裸になっているのに、私は照れくささもあって脱ぐのに時間をかけていたのです。

最後はとうとう彼女の手で下着を引きずりおろされました。ピンとそそり立ったペニスを見られ、恥ずかしさの混じった興奮を覚えました。

「あらあら、こんなになっちゃって。ずいぶん溜まってるでしょう」

彼女はそう言いながら、ペニスをつかんでこすりはじめました。

軽い指先の刺激だけで、私は息が止まってしまいそうになりました。オナニーは何回もしたことがあっても、女性の手だとまるで違います。

ペニスを握ったまま立ち上がった彼女は、私と向かい合うかたちになりました。

「ほら、キミもさわってみて」

私の手は彼女の股間へ導かれました。

そこはたくさんの毛が生えていて、ちょうど指のあたる位置に割れ目があります。

私が指を動かして感触を確かめていると、彼女の手も同じように動いています。お互いに股間をまさぐり合うかたちです。

次第に彼女の手の動きが速まり、私も割れ目の中に指を入れてやりました。

指先をくぐらせてみると、穴の入り口にぬるりとした液が溢れてきています。

「濡れてるでしょう？　キミと同じように私も感じてるのよ」

彼女は私の顔を見つめながら、そう教えてくれました。

それよりも、私はペニスをしごかれつづけ、イキそうになっていたのです。どんどん快感が高まってきて、射精は時間の問題でした。

「あの、もう出そうです……」

あわてて私が伝えると、彼女は「えっ、もう？」と驚いていました。

「ちょっと待ってて。もったいないから、もうちょっと我慢して！」

そのときでした。急いでしゃがみ込んだ彼女が、ペニスをすっぽりと咥えてしまったのです。

驚きで私は言葉も出ませんでした。同時に温かい唾液でペニスを濡らされ、舌が絡みついてくると、快感が一気に襲ってきました。

「ンンッ……」

私が口の中で精液を爆発させても、彼女は落ち着いて唇を閉じています。

私はというと、突っ立ったまま両手で拳を握り、腰が抜けそうになっていました。とめどなく精液が溢れてきて、口から溢れてしまうのではと思いました。

しかし彼女は、精液をこぼすどころか、すべて受け止めて飲み干してくれたのです。苦しそうに顔をしかめながら、それでもゴクンと喉を鳴らし、大きく息を吐き出していました。

「びっくりした……こんなにたくさん出るなんて思わなかった」

そう言うと、意外にもあっさりした表情で、私を見上げています。

「すいません、急に出しちゃって。我慢できなくって」

「気持ちよかったでしょう？　お口でサービスしてあげるの得意なのよ」

実際、初めての口内射精はたまらないほどの気持ちよさでした。すっかり満足してしまい、このまま終わってもいいと思ったくらいです。

しかし彼女は、そんなつもりはまるでありませんでした。私を休ませることなく、射精したばかりのペニスを再び口に含みました。

自分で言っていたように、彼女のフェラチオはとても巧《たく》みでした。いやらしく亀頭を舐め回し、唇でクイクイとペニスを締めつけてきます。

さすがに今度はすぐに爆発することはありませんでしたが、それでも気を抜くとまた出してしまいそうでした。

すると彼女は、何かを思いついたのか、フェラチオの途中で私に「ベッドに横になって」と指示を出しました。

言われたとおりにすると、彼女が反対向きになって顔を跨《また》いできました。

私と彼女はお互いに顔を股間に近づける体勢です。上に乗っかってきた彼女のお尻が、すぐ目の前に迫ってきました。

あまりのなまなましさに、私は黙って息を呑みました。くすんだ色をした性器や肛門、その周りに生えた陰毛は、童貞の私にとってあまりに強烈な眺めです。

「お口でしてあげる間に、しっかり見て勉強しておきなさい。あなたも好きなようにしていいから」

彼女はそう言って、再びペニスをしゃぶりはじめました。

ここまであからさまに見せつけられては、好奇心を抑えられるはずがありません。

私は指で割れ目を広げ、性器の奥まで観察させてもらいました。ついでに指を穴に入れて深さを測ったり、クリトリスをさわった反応も確かめました。

「ンッ、あんっ……ンンッ」

彼女はペニスを頬張りながら喘いでいます。指を入れた穴からも、愛液がぬるりと滴《したた》り落ちてきました。

「ああ、もうダメ……」

先に我慢できなくなったのは、私ではなく彼女のほうでした。

しきりに腰をもじつかせていたかと思うと、ペニスを口から吐き出してこう迫ってきたのです。

「ねぇ、そろそろしたくなっちゃった。キミが上になって入れてちょうだい」

その言葉を聞いた私はすぐさまベッドから起き上がり、言われたとおりのかたちになりました。

彼女は私を体の上に導き、足を大きく開いて挿入できる体勢をとってくれています。

「いいんですね、ほんとうに？　入れますよ」

しつこいぐらい確認する私に、彼女は苦笑しながらうなずいてくれました。

私はあらためて気持ちを落ち着かせ、ペニスを股間に押し当てます。さっき見たばかりの穴に狙いをつけ、ドキドキしながら腰を押し進めました。

初めてのセックスはいったいどんな感じなのか、期待と想像をふくらませながら、挿入を果たしました。

「ううっ！」

ぬめりのある深い穴に、ぬるっと吸い込まれてゆくような感触でした。

ペニスが丸ごと呑み込まれ、強く締めつけられます。想像よりもずっと気持ちよく、頭の中までしびれてしまいそうでした。

無事に挿入できた私に、彼女が下から頭をなでながら話しかけてきます。

「ちゃんと入れられたじゃない。どう、気持ちいいでしょう？」

「は……はいっ」

「ふふっ、よかった。じゃあ、あとはキミに任せるから、好きなように腰を動かしてみなさい」

彼女はまるで、私にセックスを指導してくれる先生のようでした。

私はその指示に従って、思うままに腰を前後に揺すりはじめました。

もっとも、私の動きはぎこちなく、押し引きの強さはまったく考えてはいません。

ただがむしゃらに、荒々しく腰を振るだけです。

それがかえって彼女には新鮮なセックスだったのか、私に抱かれながら色っぽい声を出しました。

「あんっ、あっ……すごいっ、こんなの久しぶり」

テクニックも何もない私の腰使いは、彼女のような欲求不満の女性には、かなりの刺激だったようでした。

「もうダメ……おっきな声が出ちゃう！」

そう言うと、堰《せき》を切ったように大きな喘ぎ声が響きました。

「いやっ、あっ、ああんっ！　もっと、もっとしてっ……はぁんっ！」

いくら個室とはいえ、それほど広いわけではありません。外に洩れ聞こえているのではないかと心配になりましたが、彼女はそのことには気づいていないようです。

こうなったら誰も苦情を言いにこないことを祈りながら、私はひたすら腰を振りつづけました。

奥までペニスを出し入れするたびに、ヌルヌルした膣にこすりつけられ、快感が広がっていきます。

すぐに射精をしなかったのは、一度口の中に出していたおかげでした。ある程度慣れてくると、彼女の表情も冷静に見つめられるようになってきました。

「ああ、童貞くんのおち○ちんで、こんなに感じちゃうなんて……」

そう言うと、悔しそうな、半分うれしそうな顔で私の背中に手を回してきます。

その言葉でますます私は張り切りました。このまま最後まで突っ走ろうと、腰に力を入れてラストスパートをかけます。

「あっ、ううっ、もう……出ますっ！」

私は激しくペニスを突き入れながら、そう彼女に向かって言いました。

このときすでに体の奥では快感が弾けていました。言い終わらないうちに精液が噴き出し、私は腰を止めて歯を食いしばりました。

最初の射精と同じくらいの気持ちよさが、体の奥に広がりつづけます。

どれくらいの時間そうしていたでしょうか。腰を押しつけたまま、快感が引くまでうっとりと豊かな胸の上に体を重ねていました。

「あーあ、中に出しちゃったんだ……」

言われて、私はハッと我に返りました。すっかりペニスを抜くことを忘れ、中出しをしてしまったのです。

「すいません！　つい……気持ちよくて」

「いいのいいの！　私も気持ちよかったから、気にしないで」

青くなっているを私を慰《なぐさ》めるように彼女は言ってくれました。おかげで少しはホッとしましたが、そのおわびにとさらに酒盛りにつきあわされ、結局朝まで自分のベッドに帰ることはできませんでした。

翌朝、寝不足のまま私は寝台列車を降りました。とても観光どころではなく、予定を早めに切り上げて家に戻ってしまいました。

あれから三十年以上が過ぎ、いまは寝台列車そのものを見かけなくなりました。狭いベッドや食堂車、それに偶然に出会った文恵さんも含めて、一生忘れられない旅の思い出です。

旅情溢れる温泉旅館で遭遇した美熟女
飢えきった牝穴に禁断の中出し挿入！

松田 要　会社員　五十二歳

昨年、仕事で岐阜《ぎふ》県へ出張したときことです。当初は日帰りのつもりだったのですが、仕事が一段落したところでしたし、翌日は夕方まで予定がなかったので、どうせならと思い、私は自腹で下呂《げろ》温泉の旅館に泊まることにしたんです。

宿に着いた私は、とりあえず仕事モードを洗い流そうと思い、スーツから浴衣に着替えました。露天風呂に入ってスッキリし、ロビーでひと休みしていると、男女が言い争う声が聞こえてきました。

なにげなくそちらを見ると、浴衣姿の熟年カップルです。年齢は私と同じくらいでしょうか。おそらく夫婦で旅行に来て、何か些細《ささい》なことでケンカになってしまったという感じでした。

「もういい、勝手にしろ！」

「ちょっと待ってよ」

男のほうが吐き捨てるように言って部屋のほうに大股で歩いていくのを、女が小走りに追いかけていきました。

せっかく温泉に浸《つ》かって俗世の垢を洗い流した気分になっていたのに、痴話ゲンカを見せられて私は少しうんざりし、気分転換に散歩に出ることにしました。

そして温泉街の土産物屋などを冷やかしながらぐるっと一回りして宿に戻ってくると、さっきケンカしていた男性のほうが、浴衣から洋服に着替えて旅行カバンを手に持って宿から出ていくのとすれ違いました。

なんだ、泊まっていかないのか……と思いながらロビーに入ると、さっきの女性が浴衣姿のまま、途方に暮れた表情で立ち尽くしているんです。

その様子があまりにも弱々しかったので、私はつい声をかけてしまいました。

「大丈夫ですか？　お連れの方が出ていってしまわれたようですけど」

女性はハッとしたように、私を見ました。

「あっ、すみません。お恥ずかしいところをお見せしてしまって……」

ポッと頬を赤らめるその顔を見て、私は胸の奥がざわざわしはじめました。

よく見ると、彼女は目鼻立ちがととのったきれいな顔立ちで、すごく上品な色気がただよっているんです。

そんな女性の不安げな様子というのも、私の劣情を激しく刺激するのでした。

「たいへんですね。とりあえずいまは頭を冷やす時間を与えてあげたほうがいいんじゃないですか」

「そうですね。でも……」

せっかく温泉宿に泊まるのにいきなり一人になって心細いという思いが伝わってきました。その様子を見ているとたまらない気持ちになって、思いきって私は彼女に言いました。

「よかったら、いっしょに食事をしませんか？　ぼくも一人なんです……」

「えっ、でも……」

彼女は品定めをするように私を見ました。私は包容力のある優しい笑顔を必死に作り、じっと見つめました。すると、彼女の警戒心がゆるむのがわかりました。

私を安全な男だと思ったのか、「じゃあ、お邪魔させてもらおうかしら」と言って、少し恥ずかしそうに微笑んだのでした。

いま思うと、温泉街の妖しい旅情が、私と彼女の心を動かしたのかもしれません。

そのあと、彼女の部屋の料理を私の部屋に運んでもらい、二人で食事をしました。

そして食べたり飲んだりしながら話した内容によると、彼女の名前は由佳子《ゆかこ》さんといって、いっしょにいたのは旦那さんだということでした。

二人で久しぶりに温泉旅行に来たのについケンカをしてしまったと彼女は悲しそうに言うんです。

「まあ、夫婦なんてケンカをするのが仕事のようなものですからね。ぼくも妻とはケンカばっかりしていますよ。でも、朝になったら、もう前夜のことなんか忘れてるんです。そうやってケンカをすることでストレス解消をして、長く夫婦を続けていくことができるんですよ」

「そうですね。そう言ってもらえると、なんだか気持ちが楽になりました。じゃあ、今夜は楽しく飲みましょ。さあ、松田《まつだ》さん、もう一杯いかがですか？」

そう言って、私に熱燗《あつかん》をついでくれるのでした。

「じゃあ、ご返杯。由佳子さんもいっぱい飲んでくださいね」

そうやって二人で酒を酌み交わしているうちに、酔いが回ってきたのでしょう、顔をほんのりと赤くしながら、彼女は赤裸々な告白をしてくれました。

「さっきのケンカ、ちょっと情けないんですけど……あっちの話が原因なんです」

「あっちの話？」

「ええ……実は、私と夫はもうずっとセックスレスなんです。家が狭くて、夫の両親と子どももいて、全然そんなことができる雰囲気じゃないんです」

「そうなんですか……うちもそうですよ。子どもが三人もいるから」

私はそう言いながら、その場でも落ち着かなくなってきました。というのも、セックスレスについて語る由佳子さんの瞳が物欲しげに潤《うる》んでいて、それにまるで誘うように、ときおり唇をぺろりぺろりと舐めるんです。

その仕草はほんとうに色っぽくて、ぞくぞくしてしまい、気づくと股間が硬くなりはじめていました。

そんな私の変化に気づいているのかいないのか、彼女はさらに続けます。

「だからこの温泉旅行は、疲れを癒やすというのは口実で、環境を変えて、夫と激しく燃え上がりたいと思っていたんです。それで温泉に浸かったあとに、それとなく求めてみたら、あの人ったら、運転で疲れたから今夜は無理だって断るんです。それがきっかけでケンカになっちゃって」

私の口の中には、おいしそうな料理を目の前にしたときのように、大量に唾液が溢れてきました。それを飲み込むとゴクンと大きな音がしてしまい、私はそのことをごまかすように、お猪口《ちょこ》の日本酒を飲み干しました。

そして、その勢いのまま彼女に言ったんです。

「それなら、ぼくが代わりに……」

「え？　いまなんて？」

由佳子さんが大きく目を見開くようにして、私の顔を見つめます。私はひとつ息を吐き、今度ははっきりと最後まで言葉にしました。

「それなら、ぼくが代わりに由佳子さんを満足させてあげましょうか？」

そして、あわててつけ足しました。

「なにも、哀れに思ったとかじゃないんです。ぼくはさっきから、もう由佳子さんを抱きたくて抱きたくてたまらなくて……だって、すごく色っぽくて魅力的だから」

そんなことを口走りながら、私は座卓の周りを移動して彼女の近くまで行きました。

「ね、いいでしょ？」

「私は……松田さんさえよければ……」

その言葉が終わるのを待ちきれずに、私は彼女を抱き締めてキスをしました。

「はうっ……」

驚いたように声を洩らしながらも、すぐに彼女も私にしがみつくようにしてキスを返してきました。

舌と舌が絡まり合い、ピチャピチャと唾液が音を立てる激しいディープキスです。もちろん私も舌を吸い、口の中を舐め回しました。

「はあぁぁん……こんな情熱的なキスは久しぶりですわ」

由佳子さんは頬を赤くほてらせながら言いました。

「情熱的なのはキスだけじゃありませんよ」

私は背後の襖を開きました。隣の部屋にはもう布団が敷いてありました。一人で泊まることになっていたので、布団は一組ですが問題はありません。

「さあ、こっちへ」

彼女を抱きかかえるようにして隣の部屋へ移動し、布団の上に押し倒しました。

「あぁぁぁん……」

浴衣のすそが乱れ、その奥から濃厚なメスの匂いがただよってきました。それを嗅いだとたん、私は下腹部がズキンとしびれていました。

彼女がセックスレスなのと同じように、私ももう五年以上もセックスはしていなかったんです。久しぶりに嗅ぐ女性のにおいに、もう頭の中が真っ白になるぐらい興奮していました。

「こんなもの、脱いじゃいましょうね」

私は彼女の腰の帯をほどき、浴衣の前をバッと開きました。

「はあぁん、いやぁん、恥ずかしいわ……」

彼女はかわいらしい声を出して、胎児のように体を丸めます。

「ダメですよ。さあ、由佳子さんの裸を見せてください」

私は彼女に襲いかかり、ブラジャーとパンティを脱がしました。

いちおう、抵抗しているふりをしながら、彼女はブラジャーのホックをはずしやすいように背中を向けたり、パンティを脱がしやすいようにお尻を浮かせたりして協力してくれました。

そのかいあって、すぐに彼女は素っ裸になってしまいました。まだ右腕で左右の乳房、左手で股間を隠していましたが、それがまたいやらしいんです。

「ほら、よく見せてくださいよ」

「ダメです、私ばっかり……先に松田さんの裸を見せてください」

確かに、その言葉には一理ありました。

「わかりました……ぼくが見せたら、由佳子さんも見せてくださいね」

私はその場に立ち上がり、浴衣を脱ぎ、シャツとブリーフもすべて脱ぎ捨てて全裸になりました。

そして、半勃《だ》ち状態だったペニスをすばやく右手でしごき、フル勃起させたんです。

「はあぁ、すごいわ……」

そそり勃つペニスを見て、彼女は溜め息のような声を洩らしながら体を起こしました。

ペニスに夢中になっているからか、もう胸も股間も隠そうとはしません。豊満な乳房が揺れ、黒々と茂った陰毛が丸見えです。

適度に脂肪がついた体は、熟女の魅力満点なんです。私のペニスが、さらに硬さを増していくのを感じました。

ピクピクと武者震いを繰り返す私のペニスに引き寄せられるように、彼女は右手を伸ばしてきました。そして、私のペニスをぎゅっと握りしめたのです。

「ううっ……」

「はああぁん、すごく硬いわ。それに熱くて、ドクドクしてる……はあぁぁ……」

そう言いながら、ペニスを握りしめた右手を優しく上下に動かしはじめました。

ご主人と長くセックスレスだったために、かなり欲求不満になっていたのでしょう。

由佳子さんは、ペニスをうっとりと見つめているんです。

「さあ、しゃぶりたいんでしょ？　どうぞ、いっぱいしゃぶってください」

「ああん、私……そんなに破廉恥《はれんち》な女じゃないんですよ。だけど……ああ、しゃぶりたくてたまらないの。はあぁぁ……」

弁解するように言ってから、ペニスを口に頬張りました。

小顔のために口も小さく、すごく苦しそうです。だけど、彼女は眉間にしわを寄せながら、口の中の粘膜でねっとりと締めつけてくるんです。

「あうう、気持ちいいですよ、由佳子さん……もっと、もっとしゃぶってください」

すると、彼女は首の動きを徐々に速めていきました。

ジュパジュパと唾液が鳴り、唇の端からよだれが溢れ出て、ゆさゆさ揺れる乳房の上にポタリポタリと滴《したた》り落ちるんです。

フェラチオの快感はかなりのものでしたが、それに加えて美しい熟女が自分のペニスをおいしそうにしゃぶってくれている様子に猛烈に興奮してしまうのです。

あまりの興奮に、すぐに私の体の奥から射精の予感が込み上げてきました。

このまま彼女の口の中に射精したい思いもありましたが、もう五十代になった自分に、一晩に何度も射精できる元気があるとは思えません。

「だ、ダメです、由佳子さん……ちょ、ちょっとストップ!」

とっさに、私は腰を引いていきました。

その拍子に、彼女の口からペニスがヌルンと抜け出て、唾液をまき散らしながら勢いよく頭を上げました。

そして、ピクンピクンと痙攣するペニスは、自分のものながら、ものすごいいやらしさです。

「どうしてやめさせるの？　もっとしゃぶりたいのに……」

恨みっぽく言いながら、ペニスと私の顔を交互に見つめるのでした。

一晩に一回しか射精する自信がないと告白するのは、男としてのプライドが許しません。だから私は、ごまかすように言いました。

「今度は、ぼくが由佳子さんを気持ちよくしてあげる番です。ほら、横になって」

私は彼女を布団に押し倒してキスをし、そのキスを首筋、鎖骨、乳房へと移動させました。

「はあぁぁ……松田さん、気持ちいいわぁ」

彼女は切なげな吐息を洩らしながら、体をのたうたせます。私は乳房をわしづかみにして、激しくもみしだきました。

「ああ、由佳子さんのオッパイ、すごくやわらかくて最高です」

「はあぁぁ……そんなに強くされたら私、あああぁぁん……」

私は両手で絞り上げるように乳房をもみながら、左右の乳首を交互に舐めたりしゃぶったり、軽く噛んだりしてあげました。

「はっあぁん、そ……それ、気持ちいいです。あああん……」

彼女は喘ぎながら体をのけぞらせました。

私は乳首をしゃぶりながら、股間へと手を伸ばしました。そこはもう熱くとろけていて、指を押しつけると第二関節あたりまで簡単に埋まってしまうんです。

「あぁぁ、いや……」

自分の体のすごすぎる反応が恥ずかしいのか、彼女は私の手首をぎゅっとつかみました。

でも、指先は自由に動かすことができます。膣壁をこするように小刻みに動かしてあげると、私が愛撫しやすいように、股をゆっくりと左右に開いていくのでした。

指の動きに合わせて、クチュクチュといやらしい音が洩れてきます。

「すごいですね。どうなってるのか見せてくださいよ」

私はすばやく体を移動させて、由佳子さんの濡れた股間をのぞき込みました。

「あっ、ダメです！」

とっさに股を閉じようとしましたが、それより早く私は彼女の両膝の裏に手を添え、そのままグイッと押しつけていました。

「うわ、すごい……」

M字開脚ポーズで突き出された陰部は、色白の肌から想像していたとおりのきれいなピンク色です。しかもそれが粘液にまみれて妖しく光っているのです。

「いや、恥ずかしい……」

そう言いながらも、手で自分の顔を隠すだけで、股間は私の前に突き出しつづけているんです。

そして、愛撫を催促するように、膣口がヒクヒクとうごめいているのでした。

「由佳子さん、いまから気持ちよくしてあげますからね」

私は、とろけきった陰部にディープキスをしました。

割れ目の奥だけではなく、膣の中まで舌をねじ込んで舐め回し、さらには割れ目の端でパンパンにふくらんでいるクリトリスに食らいつき、赤ん坊がオッパイを吸うときのようにチューチュー吸ってあげました。

「はあっ、あああああっ……いっ、いい……あああっ、ふうん……」

彼女は滑稽《こっけい》なほど喘ぎ、体をのたうたせました。そして、いきなりビクンと腰をふるわせたと思うと、また胎児のように体を丸めてしまったのでした。

「由佳子さん、イッたんですか？」

「はあぁ、恥ずかしい……」

「イッたオマ○コを見せてくださいよ」

「はあぁぁん……」

もうすでに体に力が入らないのか、彼女はだらしなく股を開きました。そこは唾液と愛液にまみれて、すごいことになっているんです。

「ううっ……」

ペニスがビクンと脈動し、早くその温かく濡れた粘膜を味わわせてくれと私に催促しました。

「由佳子さん、いまからこれで奥のほうまでかき回してあげますからね」

私は両膝を、彼女の腋の下のほうへ押しつけました。

「ああぁぁん、ちょうだい……松田さんのオチ○チンをちょうだい……」

突き出された陰部がひとりでにぱっくりと開きます。そこに私は手を使わずにペニスの先端を押しつけ、ゆっくりと腰を押しつけていきました。

「あぁぁん、入ってくる……松田さんのオチ○チンが奥まで入ってくるぅ……」

潤んだ瞳を向けながら、うわごとのように言う彼女を見おろしながら、私はさらに奥までペニスをねじ込んでいきました。

「うう、由佳子さんのオマ〇コ、すごくヌルヌルしてて気持ちいいです……」

小刻みに腰を前後に動かしながら、徐々に奥のほうまで挿入していきます。そして、二人の体が完全にぴたっと重なり合いました。

「はあぁぁん……松田さん、すっごく奥まで当たってるわぁ。はああん……」

悩ましい声でそう言い、下から私の頭のうしろに腕を回し、きつくしがみついてきました。

その腕の力とあそこの締めつけが比例するようにきつく、私は思わずうめき声を洩らしていました。

「ううっ、由佳子さん……気持ちいい！」

そして私は、口づけしながら腰を前後に動かしはじめました。その動きが徐々に激しくなっていきます。

「はああっ、いいっ！　ああぁんっ、松田さんのオチ〇チン、すごく大きくて気持ちいい……あああんっ！」

苦しげに喘ぎ声を洩らす彼女を見おろしながら、私はぞくぞくするぐらい興奮してしまいました。

相手は人妻です。しかも、その旦那さんの姿も、さっき見たばかりです。その禁断の思いに、私の腰の動きはさらに激しくなっていくのでした。

そして、すでにさんざんいやらしいことをして興奮状態が長く続いていた私の体の奥から、すぐに熱い予兆が込み上げてきました。

この調子で腰を振りつづけていたら、すぐに射精してしまいそうだと思いながらも、興奮しすぎて、もう自分の体を制御することもできないんです。

「ああっ……由佳子さん、ぼく、もうそろそろ……」

腰を振りながら苦しげな声で言うと、彼女は優しく両手で私の頬をなでてくれました。

「いいですよ……はあぁっ、中に……中に出してください！」

「え……いいんですか？」

返事を待つことなく、私の腰の動きはさらに激しくなりました。他人の奥さんのオマ○コに中出しする。そのことに、異常に興奮してしまいました。

「ああっ、出る……ううう、出る、出る出る出る……あうううっ！」

私は力いっぱい膣奥を突き上げると、そのまま腰の動きを止めました。それと同時に、ペニスがビクンと脈動し、熱い精液が迸り出るのがわかりました。

そして、その射精を膣奥に受けて、彼女も絶頂に昇りつめたのです。

「あああっ！　私もイクぅ！　はっあああああん！」

翌朝、私たちはいっしょにチェックアウトし、駅までいっしょに行きました。そして、それぞれ別々の方向の電車に乗って別れたのでした。

もちろん連絡先は交換しませんでした。禁断の関係なので、彼女と旦那さんが、あの後どうなったのかは知りません。お互いの家庭のためにも一夜限りにしておいたほうがいいんです。

出張はこのあとも何回もするでしょうが、もうあんな夢のような体験は二度とないでしょう。それぐらい最高の体験でした。

〈第二章〉

秘湯で麗しの義母の女肉を欲して

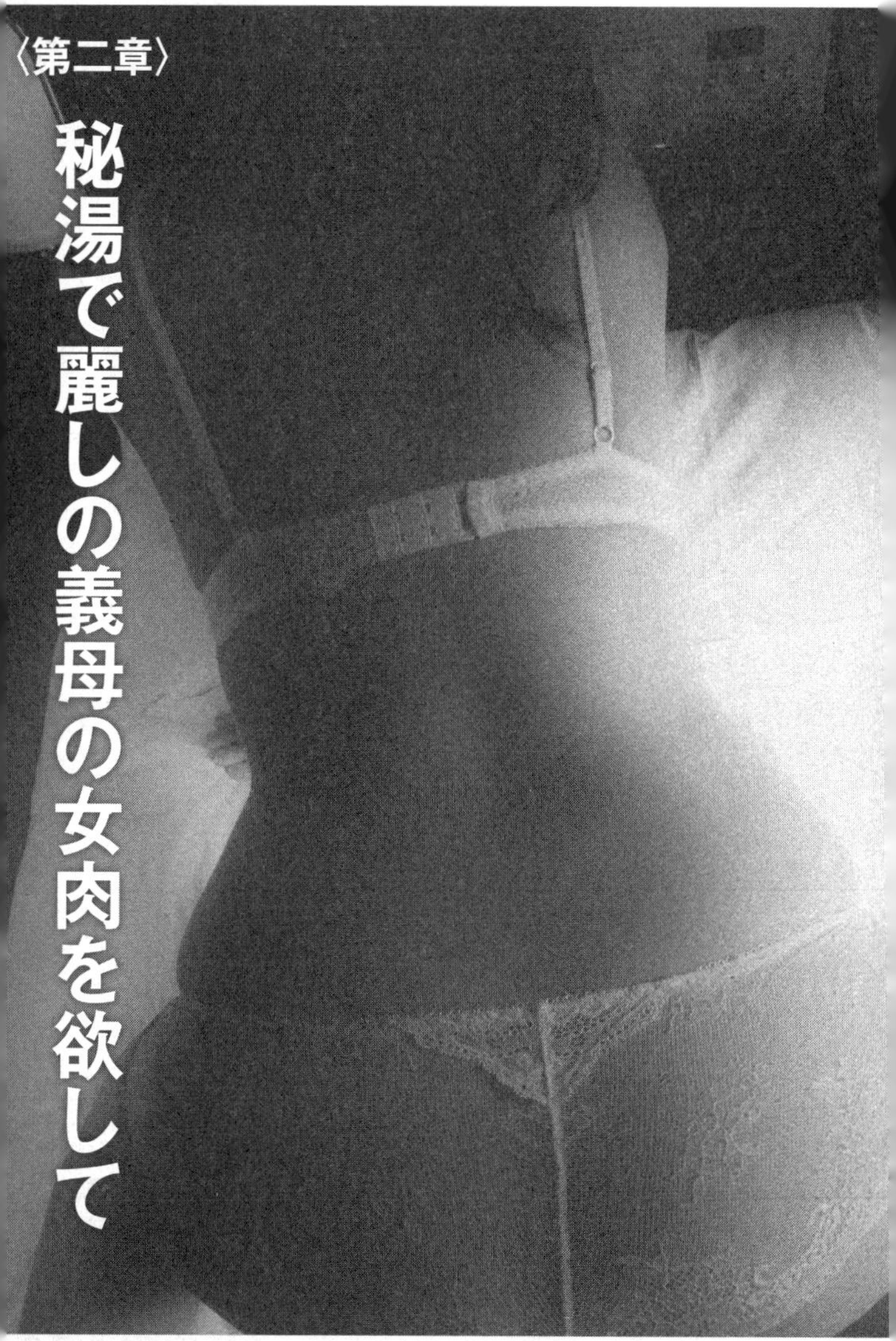

秘湯旅館でほろ酔いになった熟義母の浴衣からこぼれる豊潤な肉体を貪り！

笹倉有治　塗装業　二十二歳

一昨年、二つ年下の愛花《あいか》とできちゃった結婚をした私は、彼女の実家に住むことになりました。

子どもが一歳を迎えたのを機に、去年の秋、家族旅行に出かけたときのことです。

自営業をしている義父はとても破天荒な人で、平日に旅行に行こうと言い出してびっくりしました。愛花の六つ下の妹はまだ中学生で、もちろん学校は休みではありません。学校には適当な理由をつけて休ませてしまったのです。

場所はとなりの県にある金沢《かなざわ》で、近年、特に話題になっている観光地です。

早朝、大型のワゴンに乗りこみ、メンバーは義両親とその祖母、愛花の妹の合計七人で、兼六園《けんろくえん》や金沢城で紅葉をたっぷり満喫し、近江町《おうみちょう》市場やひがし茶屋街を訪れたあと、予約したホテルに向かいました。

車で一時間ほど離れた場所にあるホテルは湖畔にあり、ふだんは社員旅行で利用されることが多いようで、平日の館内はガラガラの状態でした。

どうりで前日に予約できたはずだと納得する中、義父は「どうだ、空《す》いてていいだろう？　ここは穴場なんだよ」とニコニコしていました。

周囲に見所は何もなかったのですが、大浴場や露天風呂はほぼ貸し切り状態で、のんびりできたのはとてもよかったと思います。

部屋は二つとり、夕食後、一つの部屋で宴会が始まったのですが、義父は早々と酔いつぶれてしまい、二十二時前には愛花と子ども、祖母、義妹もとなりの部屋に移って就寝しました。

時間は二十二時半を回っていましたが、まだ眠くなかった私は義母の杏子《きょうこ》さんとホテル内のカラオケに行こうという話になり、フロントに連絡すると、カラオケルームは空《あ》いているということで、さっそく向かったんです。

杏子さんは愛花を二十歳のときに生み、四十歳と若々しく、どこか色っぽい風情を漂わせている女性でした。

お酒がかなり入っていたこともあり、浴衣の合わせ目からのぞく胸のふくらみに昂奮してしまい、内から込み上げる欲望をまったく抑えられなくなってしまったんです。

もしかすると、彼女は私のよこしまな視線に気づいていたのかもしれません。入室して、十五分ほど経《た》ったころでしょうか。杏子さんは曲の途中、伴奏が入ったところで私の頬にいきなりキスしてきたんです。

「あ！」

突然の出来事にびっくりしたものの、彼女は何事もなかったように歌いはじめました。下腹部に目を向けると、浴衣のすそがややはだけており、ちらりとのぞく太もものむっちりさに心臓がドキリとしました。

ソファに背もたれ、今度はふっくらしたヒップのふくらみを見つめた瞬間、大量の血液が股間の中心になだれこんでしまったんです。

やはり、アルコールの作用が多分に影響していたのだと思います。性欲はトップギアに跳ね上がり、ペニスがパンツの下でムクムクと膨張していきました。

生唾を飲みこんだ私は、張りつめたヒップに手を伸ばし、どっしりしたふくらみをそっとなで回したんです。

杏子さんはそれでも歌いつづけ、こちらを振り向こうとはしませんでした。

浴衣の生地は薄く、気づいていないはずはないのですが、キスをしてきたくらいですから、この時点である程度の行為は受け入れてくれるのではないかと考えていました。

指を押し返す弾力感に胸が高鳴り、大いなる期待感にペニスがひりつくころ、ヒップをさわるだけでは物足りなくなりました。

身を起こして浴衣のすそから手を忍ばせると、すべすべした太ももはとてもなめらかで、愛花の肌の感触とまったく変わりませんでした。

内腿のムチムチ加減は比較にならないほどで、さほどの力を込めなくても指先が沈みこんでいったんです。

女の中心部まで、あと数センチ。緊張と昂奮がピークに達した瞬間、手首をがっちりつかまれ、杏子さんはカラオケが終了するや、甘く睨《にら》みつけてきました。

「あなた、さっきから何をやってるの？」

「えっ……」

「調子に乗って、いやらしいことばかりして」

「だ、だって……」

「だってじゃないでしょ？　私は、愛花じゃないのよ」

叱責《しっせき》されてはいるのですが、けっして本気という印象は受けず、逆に胸が高揚するばかりで、私はすねた素振りで上目づかいに釈明しました。

「ここのところ……愛花から拒絶されてるんです」

「え？」

「妊娠中はもちろん、子どもが生まれてからもずっと拒否されてて」

「何か、気にさわるようなことしたの？」

「してません！　ただ、育児にもっと協力してほしいって、ちょっと言い合いにはなりましたけど……だから、あの、すごく溜まってて」

いくら酔っていたとはいえ、義母相手になんということを言ってしまったのか。

顔を真っ赤にしてうつむくと、杏子さんは苦笑して答えました。

「女って、子どもが生まれると、夫にふれられたくないと感じる時期があるのよ」

「そういうものなんですか？」

「しばらくの間は、自分で処理しなさい」

次のカラオケが始まり、杏子さんはまたもやディスプレイに目を向けて歌いはじめました。

思いどおりにいかずに肩を落としたものの、火のついた欲望は収まらず、ペニスは相変わらず勃起したままでした。

トイレで精を抜こうかと思案した直後、杏子さんの手が横からスッと伸び、私の浴衣のすそからもぐりこんできたんです。

あっと思ったときには、柔らかい指がトランクスのふくらみに達していました。

「おふっ」

パンツの上から裏茎をなで上げられ、ペニスをそっと握られると、凄まじい快感が背筋を駆け抜けました。

彼女はそっぽを向いたまま、指だけをスライドさせて快感を与えてきたんです。

溜まりに溜まっていただけに、睾丸の中の精液が暴れまくり、あまりの気持ちよさに身が震えました。

私はソファに背もたれ、大股を開いて義母の手コキに酔いしれました。

「あぁっ」

義母が歌いつづけながら義理の息子のチ○ポをしごいているのですから、他人が見たら、とんでもなくおぞましい光景だったと思います。

できることなら、直接ふれてほしい。そう思う一方で、何も言えないまま射精願望が頂点に達しました。

ついに我慢の限界を迎えた私は、カラオケが終了したと同時にすがりつき、強引に唇を奪ったんです。

「あ、ちょっ……ンっ、ふぅ」

杏子さんも、かなり酒が入っていたのだと思います。抵抗したのは最初の三秒ほどで、すぐさま目を閉じ、無作法なキスを受け入れてくれました。

強引に口をこじ開けると、自分から舌を差し入れ、唾液をすすり上げながら私の舌を搦《から》め捕りました。

このときは脳みそが沸騰し、記憶がいまひとつはっきりしません。

性欲だけに衝《つ》き動かされ、本能の赴《おもむ》くまま右手でヒップをなでさすり、左手を浴衣の合わせ目からすべりこませて乳房をもみしだいていました。

杏子さんのおっぱいは重量感に溢れ、ババロアのようにふるふるしていました。乳丘を軽く引き絞っただけで手のひらからはみ出し、乳首は早くもしこり勃《た》っていたんです。

「ンっ、ふっ、はっ、ンふぅっ」

くちゅんと跳ねる唾液の音、鼻から洩れる吐息に昂奮度がピークに達しました。

自分の拙《つたな》い愛撫で感じてくれているのですから、あまりの喜びに背筋がゾクゾクしたことを覚えています。その間も彼女の手は男の証《あかし》をなでさすり、もはや自制心は木《こ》っ端微塵《ぱみじん》に吹き飛んでいました。

私はためらうことなく、ヒップに這わせていた手を浴衣のすそに差し入れたんです。

杏子さんはとっさに足を閉じたものの、指先はひと足先にショーツの中心部に達していました。

「ンっ、ふっ！」

両足で手をギューッと挟まれたものの、内腿はとろけるように柔らかく、指の侵入を防ぐことはできませんでした。

指先を軽く上下にそよがせただけで、驚いたことに、ショーツのクロッチがみるみる湿り気を帯びていったんです。

あのときは気分が高揚し、鼻息をかなり荒らげていたのではないかと思います。

さらに指の動きを速めると、今度は激しいキスをしてきて、舌がもぎ取られそうな痛みにうれしい悲鳴をあげました。

そしていよいよ細長い指がトランクスのすそから入り、勃起をじかに握りしめてくれたんです。

「む、ふっ！」

巨大な快感が背筋を駆け抜け、危うく射精しそうになり、括約筋を引き締めてこらえました。

互いの性器をまさぐり合う中、長いキスがようやく途切れ、私は彼女の顔をじっと見つめました。

うつろな眼差し、ピンク色に染まった頬、しっとり濡れた唇と、悩ましい表情はいまでもはっきり覚えています。

「悪い子ね……」

「も、もう我慢できません」

「エッチはできないわよ。手だけでいいなら、してあげるけど」

「ホ、ホントですか！」

「でも……恥ずかしいでしょ？」

「何がですか？」

「私に……おチ○チン見せるの」

一見すると余裕たっぷりという感じでしたが、杏子さんの声は完全に上擦っていました。

もちろん、恥ずかしいという理由でチャンスをふいにすることなんてできるはずもありません。私はトランクスをその場で脱ぎ捨て、浴衣の合わせ目からペニスを突き出しました。

「まあ！」

杏子さんは目を丸くしたあと、口を両手でおおい隠しました。

ペニスは極限まで張りつめ、自分でもびっくりするほどギンギンに反り返っていたんです。

杏子さんは目をとろんとさせたあと、すかさず手を伸ばし、勃起を握りしめました。

「む、むむっ」

甘ったるい感覚が下腹部をおおい尽くしたのですが、私は奥歯を嚙みしめ、射精の先送りを試みました。

簡単に放出してしまったのでは、せっかくの楽しみが失せてしまいます。

できることなら手だけでなく、その先の展開に持っていきたい。杏子さんのあそこをしげしげと見つめ、心ゆくまで舐め回し、禁断の関係を結びたいという思いに駆られていました。

それでも指のスライドが始まると、ペニスがズキズキと疼き、射精をこらえることだけで精いっぱいでした。

鈴口から大量の前ぶれ液が溢れ出し、睾丸の中の精液がうねりくねりました。

おそらく杏子さんも私と同じく、極限まで昂奮していたのだと思います。

身を屈め、ふっくらした唇を亀頭に押しつけてきたときは、あまりの感動に腰をバウンドさせました。

「あ、あぁ」

「ン、ンふぅ」

O状に開いた唇が胴体をすべり落ち、ぬくぬくの粘膜がペニス全体を包みこむと、彼女は顔のスライドを開始し、筋肉ばかりか骨までとろけるような快感が襲いかかりました。

杏子さんのフェラチオは愛花のおざなりなものとは違い、アダルトビデオの女優並みに激しいものだったんです。

がっぽがっぽと咥えこみ、顔を左右に打ち振り、頬をすぼめてペニスを吸い立ててくるのですから、私は大きな声をあげて悶絶《もんぜつ》しました。

「くおおおっ」

ジュップジュップ、ぶちゅじゅぱっ、じゅるるるるっと、いやらしい水音が室内に反響するたびに下腹部が浮遊感に包まれました。

このままでは射精してしまう。そう考えた私は彼女の浴衣のすそをまくり上げ、ヒップのほうから股ぐらに手を入れ、ぬかるんだ秘部を指でなでつけました。

「ン、ンぅっ」

顔の動きはゆるんだものの、今度は舌先で縫い目や裏筋を刺激され、目の前がチカチカしました。

「だ、だめ、お義母《かあ》さん、イッちゃいますよ」

我慢の限界を訴えると、杏子さんはようやくペニスを吐き出し、口の端から大量の唾液が滴《したた》り落ちました。

「はあはあ、も、もう……」

おおい被さろうとした刹那、杏子さんはショーツを自ら引きおろしました。私は期待感に胸が躍りました。

「お、お義母さんの、あそこを見たいです」

淡いブルーの布地を片足だけ抜き取ったところで懇願すると、杏子さんは恥じらいながら答えました。

「だめよ……もう我慢できないんだから」

このまま結合すれば、一分ともたずに射精してしまうかもしれない。少しでもインターバルが欲しいと考えた私は、腰を跨《また》ろうとする杏子さんをソファに押し倒し、足を大きく広げて股のつけ根に顔を埋《うず》めました。

「あ、やっ」

　厚みのある肉びらは左右にめくれ、ジュクジュクした内粘膜が剥き出しになっていました。とろみの強い愛液でぬめり返り、クリトリスも包皮から顔をのぞかせていたんです。

杏子さんはあわてて腰をよじったものの、私はすばやくかぶりつき、女のいちばん感じる箇所をベロベロと舐め立てました。

「やあぁぁっ！」

性感が発達しているのか、拒絶の姿勢を見せながらも、愛液がとめどもなく溢れ出し、お返しとばかりにジュッジュッとすすりました。

「だめ、だめよ！」

「お義母さんのおマ◯コ、おいしい、おいしいです！」

クリトリスを口の中に引きこみ、思いきり吸い立てると、内腿が痙攣しだし、杏子さんが身を反らしました。

「やっ、やっ、イクっ、イッちゃう！」

杏子さんはか細い声をあげたあと、恥骨をぶるぶると振り、やがて脱力していったんです。女陰から口を離して様子をうかがうと、うっとりした表情を浮かべ、エクスタシーに達したのだと確信しました。

射精願望もなんとか落ち着き、そのままインサートしようと思ったのですが、杏子さんはすぐさま身を起こして私の胸を押しました。

「あ……」

「ちゃんと座って！」

「え？」

「ふつうに座るの！」

言われるがままの体勢をとると、杏子さんは私の腰を跨り、下腹に張りついたペニスを起こしました。そして亀頭の先端を割れ目にあてがい、豊満なヒップをゆっくり沈めてきたんです。

ぬっくりした媚肉がペニスを包みこんできたときの気持ちよさは、いまだに忘れられません。柔らかな真綿で締めつけるように上下左右からペニスをおおい尽くし、私はあまりの快感に咆哮《ほうこう》しました。

「おおおっ！」

「はあぁ、気持ちいいわ！　あなたの硬くて、気持ちいいとこに当たるの！」

杏子さんは鼻にかかった声でそう言ったあと、ヒップを軽く揺すり、次第にピストンのピッチを速めていきました。

「あぐっ……」

ヒップが太ももをバチンバチンと打ち鳴らし、結合部からは卑猥な音が絶えず洩れ聞こえていました。

腰骨が折れそうな迫力と圧迫感に、あのときは熟女のセックスってほんとうにすごいなと思ったものです。

「ああ、いい！　いいわぁ……」

杏子さんはトランポリンをしているかのように身を弾ませ、とろとろの膣肉がペニスをこれでもかと引き絞りました。

「あっ、むっ、ぐっ、くうっ……」

腰をまったく使うことができないまま、射精欲求はあっという間に頂点に導かれました。

「はあ、だめ、だめです、もうイッちゃいます！」

「いいわ、中に出して！」

「いいんですか？」

「出して！　いっぱい出して！　あぁ、私もイッちゃいそう！」

杏子さんは裏返った声で告げたあと、さらなる激しい腰振りを繰り出し、パンパンに張りつめたペニスが激しく脈打ちました。

「あ、イクっ、イックぅっ！」

絶頂を迎えたのは、ほぼ同時だったのではないかと思います。私は杏子さんの熱い肉洞の最奥に、大量の精液を放出しました。

大変だったのは、部屋にティッシュがなかったことでした。私は濡れたペニスを手で拭《ぬぐ》って近くのトイレに行き、トイレットペーパーを拝借して戻りました。そして、杏子さんのおマ○コから逆流してきた精液を拭き取ったのです。

それから私たちは大浴場に向かい、セックスの痕跡《こんせき》を洗い流してから、それぞれの部屋に帰って何事もなかったかのように就寝しました。

旅行から帰ったあと、熟れた肉体が与えてくれた快感を忘れられず、杏子さんとは定期的にラブホテルで肌を合わせています。

そのたびに、こんなことはやめようと話しつつも、いまだに背徳的な関係を続けているんです。

セックスレスの寂しい四十路妻……内地の青年の逞しいペニスを呑み込み

菊池絵里　主婦　四十五歳

この体験談は、札幌《さっぽろ》市内にある某企業で働く私が、社員旅行で「函館《はこだて》・湯《ゆ》の川《かわ》温泉」に行った折に経験した、自分史上いちばん大胆だったと思える浮気エッチの話です。

当時四十歳だった私は、十五年前に結婚した共働きの夫と何年もセックスレスの状態にありました。忙しさの中で子どもを作るタイミングを逃し、女としてとことん楽しんだ記憶もないままに突入した四十代、このまま年をとって枯れてしまっていいのかと、ひそかにあせっていたころでした。

心のどこかでは、はっきりと浮気願望が疼いていましたが、もちろん日常のどこにもそんな機会はなくて、だからこそあんな行動をしてしまったのだと思います。

社員旅行は総勢四十名でした。札幌駅から湯の川温泉まではバスで直通、チェックインのあとは、夜の宴会までめいめいに温泉や観光を楽しむプランになっていました。

社員の多くは札幌在住ですので函館に来た経験ももちろんあります。それでも子どものころに家族で一度とか、若いころにデートで一度という感じでしたから隅々まで知っているわけではありません。人力車に乗って元町を巡ったり、五稜郭《ごりょうかく》公園を散歩したり、ハリストス正教会やトラピチヌス修道院を見学したりと、それぞれの楽しみ方で久しぶりの函館を満喫していたようです。

私は年齢の近いおばさん三人組で函館山に登り、そのあとランチを食べるために〝はこだて自由市場〟を訪ねました。そこで水野和也《みずのかずや》君と初めて出会ったんです。

市場はひどく混み合っていました。それで店員さんから相席を求められ、たまたま私たちのテーブルに加わることになったのが彼でした。

おばさん三人組にたった一人の若い男性ですから、彼としては気まずくないわけがありません。かわいそうだなと思いながらも、ついチラチラ観察してしまったのは、彼がドンピシャで私のタイプだったからでした。

少し陰はあるもののスラリと背が高く、オシャレで清潔感満点。恥ずかしながら、イケメン好きの私には見ているだけで目の保養になりました。そのうえ「女ばっかでうるさいべ？　ごめんね」と気をつかうふりで話しかけると「いいえ、一人で食べるのもさびしかったんでありがたいですよ。ぼく、水野って言います」と、はにかみながらていねいな挨拶で返してくれて、ますます私をキュンとさせてくれました。

聞けば水野君は東京で美容師をしている二十八歳の青年で、道南を中心に一人旅をしており、偶然にもホテルは私たちと同じとのことでした。

仕事柄なのか会話にそつがなく、私も含めておばさんたちをじょうずにあしらってくれるカッコよさがあり、特に私と話すときはしっかりと目を見てくれたり微笑んでくれたりして……思わず体温が上がってしまいました。

でももちろん、このときは久々にウキウキできただけで十分にありがたく、まさか彼と肉体関係を持つことになるなんて考えてもいませんでした。

水野君と別れて自由行動での観光を終えると、夕方までお風呂に浸《つ》かってのんびりしたあと、社員旅行のメインイベントともいえる大宴会になりました。といっても、これを楽しみにしているのは正直いって男性社員ばかりです。

毎年のことなのでみんな諦めていますが、女性社員のほとんどはお酌をしたりセクハラに堪えたりするばかりの苦行タイムです。特に私は「男好きのするタイプ」らしくて、若いころからなにかとしつこくされがちでした。

胸が大きいせいか浴衣の前が少しはだけていたりすると露骨にいやらしい目で見られるだけじゃなく、ひどいときには酔った勢いで後ろからわしづかみにされたり、奥さんも子どももいる上司から本気で口説かれたりもするんです。結婚してからも、それは変わりませんでした。

案の定、この年も早々からお尻をさわられたりいやらしいことを言われたりしてうんざりさせられました。でも時代の移り変わりもあるのでしょう、新人の女の子たちがセクハラおじ様たちをピシリとやりこめてくれていたのはうれしい誤算でした。

おかげでいつもより楽ができましたし、おじ様たちの目もなんだかんだでピチピチの女の子たちに向いていたので、宴《えん》もたけなわになったころ、すきを見てこっそり宴会を抜け出させてもらうことにしました。

休憩と酔い覚ましを兼ねてロビーへお茶を買いに行ったのですが、そこで水野君と再会することになったんです。

水野君は大きなソファにゆったりと座って一人で小瓶の白ワインを飲んでいました。お風呂に入ったばかりなのか、浴衣姿で濡れ髪の彼の横顔は昼間にも増してイイ男に見えました。少し酔っているらしくほんのりと顔が赤くなっているのもセクシーで、テンションの上がった私は思わず駆け寄って声をかけてしまいました。

「あの……こんばんは！」

突然の呼びかけに、水野君は一瞬だけとまどった表情を見せました。私が誰だかわからなかったようです。でもすぐに思い出して「菊池《きくち》さん！　浴衣だと印象違うんでびっくりしちゃいましたよ。宴会はもう終わったんですか？」と昼間にした会話を引き継ぎながら、爽やかな笑顔を見せてくれました。

「ううん、途中で抜けてきちゃった。セクハラがひどいんだもん」

実際には大したセクハラを受けずにすんだのに、甘えた声で言いました。

「しばらくここに避難しててていい？」

クネクネしながらそう言うと、水野君は「もちろん」と腰を浮かせてソファのスペースをあけてくれました。

考えてみると四十歳の私と二十八歳の水野君ではちょうど一回り年が違います。普通なら煙たがられてもおかしくないところですが、水野君があまりに感じよく接してくれるので、年がいもなく質問責めにしてしまいました。

一人旅とは聞いていましたが、それが失恋による傷心旅行だと知ったときには「こんなイイ男を振る女がいるなんて信じられない！」と、彼のととのった顔立ちや性格をムキになってほめちぎり、どさくさに紛れて手まで握ってしまいました。もちろん失恋した彼を慰《なぐさ》める意味もありましたが、それは本気のほめ言葉でした。

すると「菊池さんみたいなすてきな女性に言ってもらえると励みになります。あの、下の名前はなんていうんですか？」と手を握り返しながら言ってくれました。

私が答えると、彼はさらに「実は屋上に庭園があるらしくて、本当はそこで飲みたかったんだけど一人で行くのもどうかと思ってて。絵里《えり》さんちょっとつきあってくれないかな。宴会中じゃ無理？」と敬語をやめて誘ってくれたんです。

ドキッとした私は浴衣の下で全身がカッと熱くなるのを感じながら「なんも、行こ行こ！」と思わず彼の腕にすがりついてしまいました。

屋上に出ると、函館のきれいな夜景が見渡せました。

夏も終わりかけなのに暖かい日で、今回の社員旅行の行先が函館だったことをしみじみよかったと思えました。

日本庭園風に飾られた屋上は少し人影がありましたが、あちこちに植木がこんもりとしていて、それが仕切りになっているベンチに座りました。

腰かけたとき、あとから座った水野君が私にぴったりくっつくようにお尻をずらせてきたので、浴衣の生地越しに太ももと太ももがくっつくかたちになりました。

もしも明るかったら、私の顔は真っ赤だったと思います。

「じゃあ、百万ドルの夜景とぼくらの出逢いに乾杯！」

キザなセリフもサラッと言えてしまう水野君に、さりげなく腰を抱かれたまま、ロビーで買ってきていたワインの小瓶をチンと合わせて乾杯します。私はじっとりと汗をかいていました。少し風が吹いてくれればいいのにと思いつつワインを一口飲みました。

何かあるかもとは思っていましたが、こんなに展開が早いとまでは予想していなくて、恥ずかしさと緊張でつい黙りがちになってしまいます。それでもこのときはまだ気持ちの余裕があったんです。ところがやっとのことで「おいしいね」と言ったとき、不意に水野君が顔を寄せてきて、そのまま唇を奪われました。

すぐに舌が入ってきて、私がそれを受け入れると、腰に回された手がスッと胸にすべり上がってくるのを感じました。浴衣の下には下着をつけていましたが、生地越しに乳首を指でキュッと押されて「アンッ！」と声が洩れました。

ピクンッと体も動いてしまい、水野君のもう一方の手が浴衣のすそを割って太ももをなで上げてくるのを感じると、もう全身が火のようになっているのがわかりました。

期待していた反面、いざとなると夫の顔が浮かんできてしまって「どうしよう、どうしよう」と混乱しました。それなのに私は、彼の指先が脚のつけ根までジリジリと移動してくると、自分から誘うみたいに脚を開いてしまっていました。

パンティ越しにアソコにふれられ、浴衣の襟元に手を入れられてブラの中にまですべり込んできた指に乳首を転がされ、私は舌を絡め合ったままのけぞっていました。

こんなふうにふれられること自体が数年ぶりのことでした。ずっと淋しかった私の体はこわいくらい感じやすくなっていたんです。

パンティの布地越しにくぼみをスルンッ、スルンッとなぞり上げられると、そのたびにジワッ、ジワッと愛液が溢れてくるのがわかりました。つままれた乳首は硬くとがって、もうどんな刺激も快感としか受け取れなくなっていました。

浴衣が肩からストンと落ちて、ブラをたくし上げられた乳房が夜の空気にふれました。そのときになって少しだけ風が吹いているのを乳首に感じて、それすら気持ちよくなってしまいました。

「そんなにしちゃダメ、声出ちゃうよ……」

水野君の唇が首筋に移って、耳からデコルテのあたりをゆっくり往復してきたとき、私は必死にトーンを落としながらささやきました。でも、水野君は無言のまま乳房を柔らかくもみしだいてきたあと、片手をパンティの中に差し入れて、恥ずかしいほど濡れたその部分を直接指で愛撫してきました。

「はああっ！」

私はあわてて口を手で押さえました。すると、水野君は唇を乳首に吸いつけて口の中で先端を舌で転がし、そうしながらアソコに指を入れてきます。

開いた脚を閉じたいのに力が入らなくて、それどころか骨盤をクイクイと傾けてしまっている私がいました。かすかにですがクチュクチュというエッチな音も聞こえてきていて、私は恥ずかしさと快感にどうにかなってしまいそうでした。

もしかしたら、とっくにおかしくなっていたのかもしれません。このままだとほんとうに大きな声をあげてしまいそうで、私は口を手で押さえたまま「お願い、今度は私にさせて……お願い」と水野君に繰り返し訴えました。

水野君はそれでも意地悪く愛撫を続けてきましたが、私が彼の下腹部に手を当ててアレを探り、すそを割ってパンツ越しにギュウッと握ると、ようやく私を解放してくれました。

「水野君のコレ、なまら大きい……硬くなってる……」

「絵里さんのせいだよ」

愛撫されているとき、私は彼のことをすごいプレイボーイだと思っていました。でも私の目をじっと見ながらそうささやいた彼の瞳はほんとうにきれいで、彼がテクニシャンだとか慣れているということではなくて、私が感じやすすぎたんだと思い直しました。

彼に腰を浮かせてもってパンツをおろすと、逞しいものがパチンと弾けるように跳ね上がります。血管の浮き出したそれは若さに溢れていて、見るだけでうっとりしてしまいました。

私は両手で彼のそれを持って先端に唇を押し被せ、ゆっくりと口に含んで舌を動かしながら吸いました。

フェラチオが得意だとか好きだとかということはありません。このときはとにかく水野君に気持ちよくなってほしくて、口だけじゃなく手も動かしたり、タマタマもんでみたりと、主人にもしたことがないようなことまでしていました。

もちろん、そうすることで私が変な声を出さずにすむというのもあります。

「気持ちいいよ、絵里さん！　ああっ、じょうずだ……」

水野君が息を弾ませながらささやいて、また私の乳房を手で弄《もてあそ》んできました。宴会ではこのFカップの乳房を散々セクハラされてきましたが、カッコいい男の子にされるなら気持ちよさしかありません。私はときどき「はあんっ」と声を洩らしながら、夢中でおしゃぶりしていました。

どれくらいの時間そうしていたのか、水野君がハアハアと息を乱しながら私の頭を押さえてきました。咽喉の奥までものを受け入れた私は、ときどきむせそうになりながらも一所懸命に舐めたり吸ったりを続けました。

頬をすぼめて内側の粘膜で強くするようにしていると、水野君が「ああっ、絵里さん、絵里さん……」と何度も私の名前を言ってくれました。

一度きりのアバンチュールだとわかっていても、ほんとうに愛し合ってるみたいで、私の気持ちもどんどん昂《たかぶ》っていきました。

そのとき、私が浴衣の袂《たもと》に入れていた携帯電話がけたたましく鳴り響いたんです。

「あっ！」

さすがに中断せざるを得ませんでした。画面を見ると、電話をかけてきたのは宴会場にいる職場の後輩でした。無視をするわけにもいかず、私はとっさに息をととのえてから「もしもし」と電話に出ました。

要件はもちろん、どこで何をしているのかということです。どうやら私が具合を悪くしたのではないかと心配してかけてきてくれたようで、誰かが怒っているとかそういうことではありませんでしたが、戻らないわけにはいかなくなってしまいました。

「会社の人だね？」

「うん、ゴメン。こんなところで……」

実際のところ、水野君はもうちょっとでイキそうだったんです。ほんとうに申し訳なくて、でも戻らないわけにもいかなくて、私には謝ることしかできませんでした。

「気にしないでいいんだよ。仕事なんだもん、行っておいで」

そう言って、私の乱れた浴衣を直してくれた水野君には感謝の気持ちしかありませんでした。

宴会に戻った私は気もそぞろでした。屋上での別れ際、もう一度熱いキスをしてくれた水野君に「俺、四〇二号室なんだ。あとで来てほしい」と言われていたからです。

私が戻ってから三十分ほどで宴会は無事に終わり、男性の何組かは外へ飲みに出かけ、女性の多くや残りの男性はお風呂に行ったり、屋上を見に行こうという人もいました。

私はお風呂に誘われたのですが「さっきのぼせちゃったから今夜はやめとく」と言って、自分の部屋へ戻りました。

屋上では雰囲気に呑まれてあんなことになってしまったものの、主人のことを思うとあらためて会いにいくのがためらわれて、一人になってしっかり考えたかったんです。ところが私以外にも同室の女の子が二人も部屋に戻ってきてしまい、「軽く飲み直しましょうよ」と言われて断われなくなってしまいました。

その子たちとは仕事の愚痴など他愛のない話をしていましたが、私はほとんど上《うわ》の空でした。そんな中、女の子の一人が彼氏とのおのろけ話を始めて、話題は徐々にエッチなほうへ進みました。聞いていると切ないようなほてってくるような、たまらない気持ちになりました。

（私にだって、いますぐにでもイチャイチャできる男性がいるんだから……）

そう思いはじめると、居ても立ってもいられない気分になりました。それに、屋上では水野君を中途半端な状態で放り出してしまったのです。

（そうよ、だって申し訳ないじゃないの……せめて挨拶くらいはしにいかんと）

自分へのそんな言いわけが頭の中に渦巻いているとき、「ねぇ、菊池さん聞いてます？」と不審げに言われて、もうごまかせなくなってしまいました。

「ゴメン、やっぱりお風呂行ってくる！」

強引に話を切りあげた私は「えーっ」と恨みがましい声を浴びせられながら、何度も謝って部屋を飛び出しました。

途中で誰かに出くわしてしまうのが怖くて小走りになり、エレベータも危ないと思って階段を息せききって駆け上りました。四〇二号室の前についたときには体じゅうが汗でびっしょりで、心臓は痛いほど高鳴っていました。

（どうしよう、勢いでほんとうに来ちゃった……）

まるでドラマのヒロインになった気分で、頭の中は目茶目茶にこんがらがっていました。それでもここまで来たんだからと決心して控えめにノックをすると、まるで待ち構えていたように内側から鍵が開けられました。

開いたドアの向こうにはうっとりするような水野君の笑顔が待っていました。

左右を見回してスルリと中にすべりこんだ私は、まず落ち着いて話をしようと奥へ進もうとしました。でもここでも思いどおりにはいきませんでした。そのまま水野君に抱き締められると、熱烈なキスをされて壁に背中を押しつけられたんです。

「あっ、ま……待って！」

「待てないよ……ずっとこうしたくてたまらなかったんだから」

水野君は興奮を露《あらわ》にそう言いながら、浴衣のすそを割っていきなりパンティの中に手を入れてきました。

「アアッ、恥ずかしい！」

さわられる前から、トロトロに濡れてしまっているのがわかりました。すぐに指を入れられ、立ったまま抜き差しされつつ胸元をはだけられ、ブラをずらして乳首に吸いつかれました。

「くうぅっ……あぁっ、いっぱい汗かいてるのに……」

言葉とは裏腹に、私の体ははっきりと悦んでいました。もう欲しくてたまらなくて、主人には申し訳ないけれど一度だけ、今夜だけと快感に身も心も投げ出して、私自身も水野君のパンツの中に手を入れて、硬くなったものを握りしめました。

「絵里さん！　俺、もう我慢できないよ……」

水野君が私の体を反転させて壁に手をつかせ、背後からパンティを一気に足首までおろしてきました。意図を察した私は、恥ずかしさに顔を火のように熱くしながらお尻を突き出す格好で前屈みになりました。

「ムチムチだ……すごく色っぽいよ、この大きなお尻……」

言いながら割れ目を開いた水野君が、アソコに熱いものを押し当ててきました。そして私がハッと息を呑んで目を閉じた瞬間、一気に奥まで突き入れてきました。

後ろから乳房をもまれ、力強く腰をお尻に打ちつけられて、たちまち私は立っていられなくなるほど昂りました。ドアのすぐそばなので声を抑えなければと思うのに、理性がまるで追いつきません。

「あぁっ、イイッ！　オチ○チン入ってる……あはぁぁっ、気持ちいい！」

そんな言葉を繰り返し叫んでいた気がします。膝に力が入らず腰を落としがちになってくると、水野君が挿入したまま腰の位置を下げてきて、私はズルズルとへたり込むかたちで四つん這いの格好になりました。

「こんなところで、ゴメンね。でも一秒も我慢したくなかったんだ……絵里さんのオマ○コ、めっちゃ絡みついてくるよ」

若い男の子に東京の言葉でそんなふうに言われるなんて、何もかもが現実じゃないみたいでした。それに水野君のアレの硬さにも気が遠くなりそうでした。主人の若いころだって、こんなに硬くなっていたことはなかったと思います。

「はぁっ、もうダメッ……イッちゃう！」

感極まった私は、髪を振り乱して床の絨毯に爪を立てました。

そのとき、水野君がお尻の肉をグウッと広げながら奥の奥まで突いてきて、私は叫びながらのけぞりました。

エクスタシーに達して頭が真っ白になり、ベチャッとつぶれて寝そべったまま頬を床につけてわななくと、水野君は私の脚を開かせてなおも腰を動かしてきました。

「ひぃぃぃっ！」

主人はどちらかというと早いほうでしたし、過去の恋人を含めてもこんなに長く挿入しつづけた男性は初めてでした。

「あぁぁっ、また来てる！　イクッ……またイクッ、あぁぁぁっ！」

私は髪の毛までびっしょり濡らして床に乳房を押し当て、全身の筋肉を突っ張らせました。

水野君がゆっくりアレを抜いていき、「まだまだだからね」と私を優しく抱き上げて布団に寝かせてくれました。彼のほうはまだ射精していないんだと思うと少し気が遠くなりました。

「ねぇ、今度は私が気持ちよくしてあげる……」

休みたい意図もあって屋上の続きのフェラチオをしてあげようとしたとき、水野君のほうが先に私のアソコに舌を這わせてきました。

「ま、待ってよ……イヤッ、ズルい……」

昼間に一度入ったきり、お風呂に行けていないことを思い出して本気で恥ずかしくなりました。宴会を抜け出してから濡れっぱなしだったアソコは、きっと匂いもしてるはずです。私が抵抗しようとすると、水野君は太ももを両腕で抱え込むようにして鼻と口をあそこに押しつけ、舌を中にまで差し込んできました。

「ああっ……も、もう力が入らない……」

あんなにイッたのにまだ気持ちいいんです。私はなんとか身を捩《よじ》って、お互いに横向きのシックスナインの格好になりました。少しでもお返ししたかったんです。

ピチャッ、ペチャッ、ジュルルルッ。

お互いのアソコからエッチな音が響いていました。

（こんなの十年ぶりくらいかもしれない……）

ふとそう思い返して、涙が出そうになりました。女の盛《さか》りにずっと欲求不満で過ごしてきたんです。やっぱり女にはセックスって必要なんだとしみじみ思えました。

口の中の水野君のアレはずっとパンパンにみなぎったままで、先端からは温かいヌルヌルのしずくをいっぱい溢れさせていました。

私がもう入れてほしいと心の中で思ったとき、水野君が察したようにスッと腰を引いて顔を上げました。そして私をあおむけに寝かせると、自分の浴衣を脱ぎ去って私におおい被さってきました。

正常位で挿入されて、乳房をもみ絞られながらまたキスをされました。私はまだ浴衣の袖に腕を通したままでしたが、前はすっかりはだけてしまって腰に帯を残しているだけです。

お互いの肌がヌルヌルとこすれ合い、激しく突かれながら身も心もひとつになって、私はまたすぐにエクスタシーの階段を駆け上がっていきました。

いまごろ、会社のみんなはどうしているだろうかと思うと少しヒヤヒヤしました。

お風呂に行った人たちはもちろん、外に飲みに行った人たちも帰ってきていて、この同じ建物の中にいるかもしれないのです。

まさか、既婚の私が昼間に出会ったばかりの若い男の子の部屋でセックスをしてるなんて、誰も思わないでしょう。

「ああっ、あああっ、またイッちゃう！」

「いいよ、何回でもイッて。俺もそろそろ……ううっ、たまんないよ！」

眉根を寄せて言いながら水野君はリズミカルに腰を動かしました。反り返ったものがGスポットにグリグリ当たって、私はほとんど息もできないほど感じ昂りました。

そのまま二、三度立て続けに達してしまったのですが、水野君はそんな私を抱き上げると、自分の腰の上にのせ、キスをしながら対面座位の格好になりました。

真下から突き上げられつつ抱き締められた私は、もうイキつづけるばかりの人形でした。そのうえ、少しすると水野君は自分から後ろに倒れていって、じょうずに騎乗位の体勢を作りました。

「絵里さんも、腰動かしてみて」

熱っぽい目で言われて腰を回すように動かしました。そのたびにズルンッ、ズルンッと抜き差しされるアレがアソコをいやらしくかき乱します。私は水野君の胸に両手をついて天井に顔を向けました。

「こっちを見て、絵里さん……すごくセクシーだよ、もうヤバいかも……」

水野君が息を乱して私の腰に手を添え、腹筋を使ってグイッと身を起こしたあと、さっきとは逆の順番で対面座位、正常位へと体位を替えていきました。

「絵里さん、俺、イキそう……くうぅッ！」

波打つように腰を動かす水野君が苦しそうに顔をゆがめました。そして「中はダメだよね？　お腹の上に出すよ？」と腰の動きを速めてきました。

私は返事もできないまま、声にならない声をあげていました。気持ちよくてたまらなくて、手をどこにやっていいかもわからず、バンザイする格好で頭の上の布団を握りしめました。

乳房が弾むように揺れて、水野君が前屈みになってその乳首に吸いつき、そうかと思うと、のけぞるようにして奥の奥まで突き込んできました。

「あぁぁっ、もうダメッ……許して……あぁぁっ、おかしくなっちゃう！」

「俺もだ……イクよ、絵里さん……もうイクよ！」

水野君が鋭い声でそう言って、私がひと際大きなエクスタシーに達したのと同時に腰を大きく引きました。

「あぁぁぁーっ！」

ビクンビクンと全身を痙攣させる私がホテル中に響きそうな大声で叫んだとたん、水野君の放った熱い精液がビュルビュルと勢いよく噴き出して私のお腹から首元まで飛んできました。


これが、私が社員旅行の夜に体験した、忘れられない浮気エッチの一部始終です。

終わったあとは私も水野君も息絶えだえという感じで、しばらくはお互いに呼吸をととのえるのがやっとでした。私としては生まれて初めてと言いきれる、とにかく激しくて、ドキドキして、気持ちのいいセックスでした。

そのまま眠ってしまえたらどんなに幸せだろうと思いながら、私はフラフラとした足取りで水野君の部屋を出ました。

お酒の酔いはとっくにさめていましたが、傍《はた》から見たらきっと泥酔してるように見えたんじゃないかと思います。だって、千鳥足なだけじゃなく、顔がだらしなくほころんでしまってましたから……。

部屋へ帰る前にお風呂へ寄ると、幸いにも知っている顔は一つもなく、心からゆったりとした気持ちでお湯を使うことができました。

私自身、家庭を壊す気はまったくなくて、水野君と顔を合わせることはもうないだろうと思うと淋しい気持ちもありましたが、そういうあと腐れのないエッチだったからこその、安心感と満足感があったように思います。

気持ちよすぎたおかげで、主人への罪悪感もゼロ。スリリングではあっても、悪いコトをしたという気持ちはまったくなくなっていました。

偶然の出会いからこんなすてきな体験ができるのなら、今度は私が一人旅をしてみるのも悪くないなぁ……そんなことを考えながら心ゆくまでお湯に浸かり、そのあとは寝ているみんなを起こさないように、そっと自分の布団にもぐり込みました。

あっと言う間にあれから五年、まだまだ現役の女でいたいと思いつつ、相変わらず何もない日々をダラダラと送ってしまっている私です。

想い出の街で再会した憧れのマドンナ別れの日にお互いの性器を味わい……

平田啓示　会社員　三十七歳

昨年の春先のことです。上司にうるさく言われ、溜まっていた有給休暇を消化しなくてはならなくなった私は、考えた末に、まとめて一週間の休みを取り、九州へ旅行に行くことにしました。目的地は大学時代を過ごした福岡《ふくおか》です。

とはいえ、自分にはこれといった趣味もなく、平日は会社と一人暮らしのマンションの部屋を往復し、休日は洗濯や掃除をする以外、せいぜいゲームをしたり、動画を観てゴロゴロしている毎日を送っていました。

それなりの趣味があるとか、彼女がいたり、年相応に結婚して家庭を持っていたのなら休日の過ごし方も違ってきたでしょう。そんなわけですから、一週間の有給休暇といわれても、正直困ってしまう状況でした。

もちろん旅行にも特に興味があるわけでもなく、三十男が一人でどこへ行けばよいのか、まるで見当もつきません。実家にいきなり帰れば帰ったで、両親から早く結婚しろだの、お見合いはどうだだの、口うるさく言われることは必定です。そこで、さんざん考えあぐねて出した結論が、福岡への一人旅でした。

そういえばつい先日、大学時代からの数少ない友人から、仕事でたまたま博多《はかた》に行ったら風景が変わっていて驚いたと聞かされたのが、頭のどこかに残っていたのかもしれません。それでさっそく私は、簡単な着替えだけを持って新幹線に乗り込み、気軽な気持ちで博多へと向かったのでした。

遅めの午後に降り立った約十五年ぶりの博多の中心街は、新しいビルが建ち、東京でも見かけるチェーン店なども増えて、確かに多少風景が変わっていました。それでもぶらぶらとあてもなく歩き回っているうちに、大学生だったころの思い出がよみがえりはじめます。

そうして陽が暮れかけた時分、適当に入った店で久しぶりに本場の豚骨ラーメンを食べたあと、路線バスに乗り込んで中心街から離れたビジネスホテルに向かいました。

事前に、五日間連泊の予約を入れていたビジネスホテルにチェックインした私は、長旅の疲れもあって、その日は特に外出することもなく眠り込んだのでした。

翌日、私はバスと地下鉄を使いあちこちに出かけました。

観光客が行くような場所ではなく、自分が通っていた大学の周辺や、当時つきあっていた彼女と待ち合わせに使っていた喫茶店、主に時間潰しのために立ち寄っていた書店などを巡ります。

ごくありふれた地方の町ですが、廃業してしまった店や、それまでなかったこぎれいなマンションが建っているなどの違いもありました。

ひいきの定食屋も、そのころは厨房で主人を手伝っていた息子らしい若い男が、いまは壮年の主人となっていました。私の顔を見て記憶の隅にあったのか何度も首をかしげていた彼の表情が、なんとなく微笑ましい気分にもさせてくれたのでした。

そんなちょっとした変化こそあったものの、それ以外の風景はほぼ十五年前と同じままで、なつかしさで胸がいっぱいになった私は、当時四年間、一人暮らしをしていたアパートに向かいました。

アパートはそのまま残っていました。私が住んでいた部屋の窓の外にはTシャツが干されていて、いまも若い人が暮らしているようです。

さらに、足の向くままあてどなく周囲を散策しているうちに、気がつくと夕方近くになっていました。私が泊まっているビジネスホテルは、簡単な朝食バイキングにも使うティールームこそあるものの、しっかりした食事を出す準備などありません。

今日の夕食は、どこで食べようか。そのあとはホテルに戻って缶ビールでも飲んで早く寝るとするか。そんなふうに、これまでに行ったことのある店をあれこれ思い浮かべていた私は、アパートの近所の弁当屋を思い出し、あの弁当屋がまだあったら、買って帰って夕食にすればいいかと考えました。

その個人経営のこぢんまりとした弁当屋は、安くてそこそこ味もよくご飯の大盛りもサービスしてくれるので、大学生のころは毎日のように利用した店です。

一日に二回行くことはざらでしたし、一カ月近くも続けてその店の弁当を夕飯にしたことさえありました。そんな調子でしたから、三人で切り盛りしていた弁当屋の中年夫婦や、久保田《くぼた》さんという若いパートの女性とはすっかり顔なじみになり、冗談や世間話を言い合う仲になったほどです。

特に、ボーイッシュで大きな目と健康的な笑顔が印象的だった久保田さんには、常連客として以上の好意を一方的に抱いていました。もちろん向こうが年上ですし、一度、世間話の中で彼氏がいるようなことを言っていたので、それ以上のことはありませんでしたが。

大の大人が旅先で安い弁当が夕食というのもさびしく思われるかもしれませんが、私にとって、思い出というなんにも代えがたいご馳走になると考えたのです。

私は目当ての弁当屋がまだ営業を続けていることを祈りながら、いつの間にか早足になっていました。

住宅街の路地から国道に出て右に曲がってすぐ、はためく「お弁当」「営業中」ののぼりが目に入りました。

まだ、お店はなくなってはいなかったのです。ホッと胸をなでおろした私は、いまは客のいない弁当屋の店内を覗き込み、ガラス引き戸を開けてカウンターの前に立ちました。

定食屋と同じく弁当屋も代替わりしたようで、対応に出たのは、見覚えのない若い夫婦でした。安心したような残念なような気分で唐揚げ弁当を注文して、張り出してあるメニューを眺めていたそのときです。

奥の厨房から弁当の包みを持った女性店員が、おそるおそるという感じで声をかけてきました。

「まちごうとったならごめんなさいね、もしかしてお客さん、平田《ひらた》君じゃなかと?」

「え? そうですけど、もしかして?」

「やっぱり! なつかしかねぇ、私よ私、久保田ばい。いまは結婚して大槻《おおつき》って名前になってしもうたけど」

人なつっこい彼女の笑顔が十五年前のそれと重なり、私は一気にそのころに引き戻されました。

「久保田さん、いや、大槻さん、ずっとこの店で働いていたんだ」

「久保田でよかよ」

ほかに客がいないのをよいことに、私は彼女とカウンター越しにそのまま会話を交わしつづけました。

当時の彼女は二十代の半ばだったので、いまは四十歳を過ぎているはずです。けれど、昔と変わらず気さくで、大きな目も博多弁もそのままです。

久保田さんの話によれば、私が大学を卒業し、就職のためにこの地を離れてからしばらくして、つきあっていた男性と「できちゃった婚」したのだそうです。

子どもは、そのときの娘一人だけだということや、しばらく専業主婦をしていたのだけれど、弁当屋が代替わりした二年前、店のことをよく知っている彼女に手伝ってほしいと、声がかかったことを聞かされました。

「ふーん、それでまたパートとして働いていたのか」

「娘に手がかからんくなったし、退屈しとったけんねー」

久保田さんはカウンターに胸を乗せるようにして肘をついて話しながら、また笑顔を見せました。

昔も胸が大きめだと思っていた彼女でしたが、子どもを産んだせいか全体的に肉がつき、やや太めになっていました。そのぶん、胸だけでなくお尻もむっちりとして、これはこれでなんとも言えず色っぽい印象を与えます。

目立たない程度の茶色に染めた髪をまとめているのも、よい意味で大人の人妻女性という感じでした。

偶然とはいえ、こうして久保田さんと思いがけず会えたことが、私にはうれしくてたまりませんでした。それだけで、旅先に博多を選んだ幸運を誰かに感謝したい気分になったほどです。

そのとき、店に客が入ってきました。いつまでも久保田さんと話していたかったのですが、これ以上は店に迷惑がかかります。

「じゃあ、また寄るよ」

「またって、いつまで博多におると？」

「あと三日かな」

「その三日のうちに、必ず顔ば出ししんしゃいね」

唐揚げ弁当の包みを差し出した久保田さんの、そんな言葉に送られて私は弁当屋をあとにしたのでした。

実際は、三日のうちに顔を出すどころではありませんでした。

翌日も翌々日も、昼間は適当に時間を潰し、客の少ない早めの夕方という時間帯を狙って、久保田さんの働く弁当屋に通ったのですから。

まるで、その店の弁当を食べるため、いいえ、久保田さんに会うために博多にきたようなものです。

会うたびに彼女は、私も知っている常連客の噂や町の変化について、あれこれと聞かせてくれました。私のほうも、仕事が順調であることや、まだ独身であることなどを話しました。

正直、この時点で彼女への下心がなかったとは言いません。しかし、なつかしさと半々といったところだったでしょうか。なにより、彼女には家庭があるのですから、そこまで自分が相手にされるとは思っていませんでした。

そして迎えた、東京に戻る前日のことです。

弁当屋の店内に入るなり、久保田さんが待ちかねたように厨房から出てきて、こう言ったのです。

「今日は弁当ば注文してはつまらんばい」

のです。
「え？」
意表を突かれた私に、久保田さんは店主夫婦の様子をうかがないがら小声で言った
のです。
「明日はもう帰るとね？　もっと話ばしたかし、やったら夕食代わりに飲みにいこ？
今日はもう早上がりするけん、外でちょっと待ちよって」
願ってもない提案でした。
そして三十分ばかりして弁当屋から出てきた久保田さんは、あたりまえのように私
と腕を組み、歩きだします。
腕に当たる胸の感触と、まとめていた髪をほどき化粧を直した彼女の横顔に、私は
初めて「ひょっとして？」と期待をふくらませました。
彼女の案内で入った居酒屋で一時間ばかり飲んでいたでしょうか、話題はもっぱら
彼女の家庭のグチでした。旦那さんは長距離トラックの運転手で留守がちなことや、
娘さんは遅くまで学習塾で、帰っても会話らしい会話がなくてさびしい、などと話し
てくれました。
そんなこんなでお互いかなり酔いが回ってきたせいでしょうか、彼女がいきなり意
外なことを言い出したのです。

「あのころ、平田君に好意ば持っとったんよ。でも、彼女がおるって言っとったし」

「久保田さんだって、いまの旦那さんとつきあっていたんでしょ？」

「あー、じれったか。そろそろ何か言わんでよかかと？　私、朝までに帰れば大丈夫やけん」

どうやら彼女は、私に下心があって店に通っていたことに感づいていたようです。

けれどなかなか言い出せないでいる私に、助け舟を出してくれたのでした。

タクシーを拾って繁華街に出た私たちは、裏手にあるラブホテルに入りました。

言われるまま、先に風呂に入っていると、服を脱ぎ捨てた久保田さんも入ってきて、さすがに照れくさそうに笑いました。

「ジロジロ見らんで。恥ずかしか」

それでも私は、彼女の裸体から視線をはずせません。適度に脂の乗った象牙を思わせる肌に、服の上から予想していた以上にふくよかな胸と少し大きめで薄茶色い乳輪がそそります。ボリュームのある尻と、薄い茂みからも目が離せませんでした。

「久保田さんって、エッチな体してたんだなぁ」

「エッチなんな体だけやなか。自分で言うんもアレだばってん、うちスキモノやけん。けど旦那が弱うて、ずっとセックスレスなんや」

狭い湯船に入ってきた久保田さんは、肌を密着させると耳元でささやきました。そして、言葉どおりにお湯の中で硬くなっている私のモノに、手を伸ばします。

久保田さんは私のモノを握ると、大きな目をさらに見開き、あきれたようなはしゃぐような声をあげました。

「大きかねぇ、ちょっと見せてみんしゃいな！」

「なんだよ、自分のほうは見ないでって言ったくせして」

苦笑した私は立ち上がり、彼女の目の前に男のモノを突き出します。

数秒の間、うっとりとした目つきでモノを見ていた久保田さんは、またそれの根元を握ると頭の部分に軽くキスをしてきたのでした。

「楽しみはあとにとっとくタイプやけん、あとはベッドで。エッチはほんとうに久しぶりやし、今夜はたっぷり楽しませてもらうけんね」

その言葉どおり、二人で大きなベッドに移動したあと、久保田さんは積極的に動きました。しきりに「ほんとうに大きかね」「太くて逞しか」と口にしながら、あおむけになった私のモノを咥え、巧《たく》みに舌を巻きつけます。

ときどきその合間に、モノから離した唇を私の唇に合わせて、今度はその舌を絡めてくるのでした。その間も同時に、指先で私のモノに愛撫を加えつづけることを忘れません。

私は、彼女がキスを求めてきたタイミングで攻勢に転じました。強引に、体を入れ替えて上になると、彼女の豊かな胸を両側から中央に寄せて、強く弱くとリズムをつけて左右の乳首を交互に吸います。

「あーっ！　それ、気持ちよか！」

目をきつくつむった久保田さんは、私の髪をつかみ胸に強く引き寄せました。

私は乳首を吸いつづけながら、彼女のあの部分に指を伸ばしました。ヌルヌルにぬめる中、すぐに敏感な突起を探し当て、指の腹で集中的になで回します。

「そこ、感じるうっ！」

跳ね上がるように腰を上下させた拍子に、久保田さんの手が私の髪から離れました。動きの自由を取り戻した私は、体をずらして彼女の濡れた部分に顔を近づけます。

年こそ経《た》っているとはいえ、かつて淡い片想いをしていた相手の、秘密の部分をいまこうして目の当たりにすることに激しい興奮を覚えました。しかも、そんな彼女を悦ばせることがまるで夢のような気分です。

そんな久保田さんのあの部分は、茂みが薄いせいもあり、いやらしく入り口を広げている様子が丸見えでした。さらに観察を続けると、その入り口がまるで呼吸でもしているかのように、動いているのです。

なにより私を驚かせたのは、指先で感じていた以上に愛液が溢れ出し、早くもシーツに小さなしみまで作っていたことでした。

私は夢中で久保田さんの濡れそぼった部分に口をつけ、溢れ出した愛液まですする勢いで、敏感な突起を吸いました。

そのとき、私の頭を手で押しのける動きをとりながら、久保田さんは叫びました。

「ダメばい！　もうやめんしゃい！」

「あまり気持ちよくなかった？」

顔を上げた私に、彼女は首を左右に振ると哀願する表情で言いました。

「それでイッたらもったいなか、どうせなら平田君のモノでイキたかけん」

久保田さんに早く入れたい気持ちは、私も同じです。彼女におおい被さった私は、あせりながら何度か突き立てました。すぐに私のモノは、泥田に足を踏み入れる感覚でズブリと久保田さんの中に沈み込みます。

「久保田さん、入ったよ……」

根元まで沈めると同時に、私の背中に回した腕に力を込めた久保田さんが、甲高い声で叫びました。

「あーっ、平田君が私の中に！」

思い出などの感情的なことは別にしても、そして、女性経験の少ない私にも、久保田さんは特別な女性だとわかります。

彼女の中は、文字どおり熱さを感じさせました。それだけではありません、私のモノを包み込んだ内部が、さっき見たとおり呼吸するように動くのですから。

なにより、しっとりと汗ばんだ久保田さんの肉感的な体と密着していると、まるで全身が一つに融合したような錯覚さえ覚えます。

これが「肌が合う」ってことなのでしょうか？

しばらくの間、抱き合ったまま動かずに私はその感覚を味わっていました。その間も、私のモノを収めた久保田さんのあの部分は、勝手に締めたりゆるめたりという動きを繰り返しています。

「じっとして、どげんしたと？」

薄く目を開けた久保田さんが、鼻にかかった声で促します。

「うん、このままでも気持ちいいな、と思ってさ」

久保田さんは、私の言葉にちょっと笑いました。

「じゃ、もっと気持ちようしちゃるばい」

そう言うと彼女は、下になったまま自分から何度も腰を突き上げたのです。

「うぅっ!」

背筋から脳天にまで突き上げるような快感が走り、私は歯を食いしばりました。

彼女の挑発に、私も俄然その気になって、あえて乱暴に動かしはじめます。

濡れそぼったあの部分から、ぐちょっ、ぐちょっと卑猥な音が響き、久保田さんのあげる悲鳴に近い喘ぎと混ざり合いました。

「あーっ、感じる! おかしゅうなるっ!」

それで久保田さんは、内部を強烈に締めつけたかと思うと、私の腕の中でビクンビクンと小刻みに体をふるわせたのです。

私のほうは、酒の酔いと緊張のせいか、なんとかこらえることができました。

「イッちゃった?」

「うん……ばってん、平田君とはもう会えんかもしれんし、もっとイキたか」

荒い呼吸の中、やっとそう言った久保田さんは私の頬に手のひらを当て、キスをします。私も同じ気分なのは、言うまでもありません。

彼女の呼吸がととのうのを待って、私は一度離れました。

抜いた私のモノは、まるでローションでも塗りたくったみたいに、ヌルヌルと光っています。

私は久保田さんを裏返しにすると、両手のひらでたっぷりとした尻をつかんで引き寄せ、背後から一気に貫きました。

「ひいっ！　平田君すごかぁ！　中がいっぱいになっとうと！」

悦びの声を素直に洩らした久保田さんは、シーツをかきむしりました。

私は、深く侵入させたモノを、意識して大きなストロークで前後させます。再び卑猥に湿った音が響き、彼女のあの部分からはわき出る愛液なのか汗なのか、私が動くたびにポタリポタリとシーツに落ちるのが見えました。

何度も何度も「すごかぁ！」と口にして頭を振った久保田さんは、ついにはペタンと崩れ落ち、大きな胸をシーツに押しつけてビクンビクンと体全体を痙攣させます。

再び強烈に締めつけられた私は、気が遠くなりそうな快感で、久保田さんの中にたっぷりと注ぎ込みました。

足を軽く開いてシーツに突っ伏している久保田さんのあの部分から、私が注ぎ込んだ精液が溢れ出す様子をぼんやり眺めていると、彼女がそれまでの調子と違って気怠《けだる》げな口調で、不意に言いました。

「もしかしたら、いまになってこげんことになったんも運命かもしれんね」

「どういう意味？」

「子ども産んでから、エッチで感じることなかったけん。若かころやったら、互いにこげん気持ちよさば、味わえんかったかもしれんもん」

私は久保田さんの汗まみれの背中にキスすると、腕を伸ばし横抱きにしたのでした。

私と久保田さんは、別れを惜しんで朝まで何度も体を求め合いました。

けれど、博多での一夜の思い出にしようと、別れ際にあえて連絡先は教えなかったし、久保田さんも何も言いませんでした。

けれど最近、また休暇をとって博多の弁当屋に行ってみようかと密かに考えている私です。

〈第三章〉

不倫旅行で許されざる快楽に溺れ

女友達に付き合わされた不倫旅行……
オマ○コの疼きを抑えきれず肉棍棒を

工藤昌美　主婦　四十五歳

一年ほど前、趣味であるフラワーアレンジメントの教室で知り合った守山《もりやま》ゆかりさんに誘われて京都旅行に行きました。

彼女とは年齢が近いこともあって頻繁にランチしたりお互いの家にも遊びにいったことがある仲ではあったのですが、泊まりがけの旅行に誘われたのは少し意外でした。

しかも、新幹線代や宿泊費などは、全部出してくれるというのです。

そんなうまい話があるわけないと思ったら、ほんとうに裏がありました。

実はゆかりさんはもう何年も前から不倫をしていたそうなのですが、その相手が京都に転勤になってしまったそうです。それでその不倫相手に会いにいきたいけど、主婦である彼女が泊まりがけの旅行に行くのはかなりハードルの高いことです。

そのため、ご主人とも面識のある私と女二人で旅行に行くということで、ご主人を欺《あざむ》こうというのでした。

もちろん断りましたが、土下座せんばかりの勢いで頼まれると、結局、承諾してしまいました。もともと押しに弱いのが私の欠点でしたし、そんなにまでその不倫相手の男性を愛しているゆかりさんが少し羨ましかったのです。

私も結婚して子どももいますが、もう夫には愛情なんかまったくなくて、ただ惰性《だせい》でいっしょに暮らしているだけなんです。私だって恋がしたい。そう思いながらも、結局、面倒くさくて現状に満足するしかないのです。

だから、できれば禁断の恋に燃えているゆかりさんの力になってあげたいと思ってしまったのでした。

そして、新幹線で京都駅に着くと、背の高い男性がこちらに手を振っていました。

「あっ、横山《よこやま》さんだわ！」

そう言うと、ゆかりさんは改札を駆け抜けて、その男性の胸に飛び込んだのでした。まるでドラマのようにゆかりさんを抱き締めて、横山さんはくるくると回ります。

それを見て、私はいっしょに京都まで来たことを後悔しました。他人が幸せそうにしている様子を見せつけられることが、こんなに悔しく思えるなんて……。

「あっ、こちら、私の旅行につきあってくれた昌美《まさみ》さん。彼女のおかげで泊まりがけの旅行に来ることができたの」

ゆかりさんが私を横山さんに紹介してくれました。

「初めまして。横山と言います。このたびは、ご無理を言ってすみませんでした」

「いえ、私も今日は京都一人旅を楽しませてもらいますから大丈夫です」

「一人旅？　そんなさびしいことを言わないでくださいよ。ちゃんとガイド役を用意してありますから。こちら、三田《みた》君。ぼくの部下なんです」

そう言われて横山さんの横を見ると、そこに立っていた男性がぺこりとお辞儀をしました。

「三田です。よろしく」

三田さんは三十代前半ぐらいで、少し眠そうな顔をした、いい言い方をすれば優しそうな人、悪い言い方をすれば頼りなさそうな人です。

「彼が案内してくれるから、京都旅行をたっぷり楽しんでください」

「そんなの悪いわ」

とっさに私が遠慮すると、横山さんは爽やかな笑顔で言います。

「遠慮はいりません。彼は京都生まれの京都育ちだから、ぜひ、昌美さんに京都を好きになって帰ってもらいたいって言うんでね。じゃあ、あとはお二人で楽しんでください」

「昌美さん、またあとでね」

そう言うと、ゆかりさんは横山さんの腕にしがみつくようにしてさっさと行ってしまいました。少しでも長く二人だけの時間を持ちたいといった感じでした。

「ほな、ぼくたちも行きましょか」

三田さんがボソッと言い、私の荷物を持ってくれました。

「あっ、すみません。自分で持ちます……」

「ええて。気にせんといてください。こんな重いもんを持ったら、腕が太なりますよ。近くに車を停めたるんです」

三田さんはにっこり笑って、歩きはじめました。

「とりあえずメジャーどころを回りましょか」と言って、三田さんは金閣寺《きんかくじ》、竜安寺《りょうあんじ》、北野天満宮《きたのてんまんぐう》などに私を連れていってくれました。

中学のときに修学旅行で来たことがありましたが、当時は友だちとのおしゃべりに夢中でお寺などにはほとんど興味がなかったので、記憶はおぼろげです。

まるで絵はがきの中に迷い込んだかのような感覚に、私は不倫旅行の片棒を担《かつ》がされていることも忘れて夢中になっていきました。

途中で食べた懐石料理もとってもおいしくて、最高の京都旅行でした。そして夕方になると、三田さんは宿泊予定の四条河原町《しじょうかわらまち》のホテルまで送ってくれました。

そこで別れてもよかったのですが、なんだか名残《なごり》惜しくて、私は言ってみたんです。

「ねえ、いっしょに鴨川《かもがわ》を見ません？　あそこってカップルが等間隔に並ぶことで有名なんでしょ？　一度、その中に混じってみたいと思ってたの」

「いいですよ。それぐらいお安いご用ですわ」

私たちは等間隔になるように、ほかのカップルたちの中間に腰をおろしました。

日が暮れかけた鴨川のほとりに並んで座り、川の流れをぼんやり眺めていると、なんとも言えない幸せな気分になっていました。

まるで青春をやり直しているような、そんなほろ苦いけど、心の奥が妙にくすぐったいような気分です。

「どないですか？　京都を好きになってもらえましたか？」

三田さんがポツンと言いました。

「ええ、来てよかった。京都が大好きになったわ」

「それはよかった。昌美さんにそう言うてもらえて、ぼくもうれしいです」

鴨川のほとりに並んで座ってそんな話をしていると、バッグの中から場違いな電子音が短く聞こえました。

取り出して確認してみると、ゆかりさんからのメールでした。

横山さんは家族と暮らしてるために外泊はできないので、ゆかりさんも夜は私といっしょにホテルに泊まることになっていたんです。

だけど、少しでも長くいっしょにいたいという思いを抑えきれなくなった横山さんは、仕事で急に呼び出されたと奥さんに嘘の連絡を入れて、今夜は二人でどこかのホテルに泊まるということでした。

「どうかしましたか?」

三田さんにたずねられて、私はメールの内容を説明しました。そしてため息をつきました。

「夕飯は二人分、用意してあるはずなのに、もったいないわ」

「よかったら、ぼく、食べましょか? もうお腹へってもうて」

そう言って三田さんはお腹を押さえてみせました。実は私が夕飯のことを口にしたのは、なんとか三田さんを誘えないかと思ったからでした。きっと、そんな私の気持ちを察してくれたんだと思います。

「じゃあ、お願いしようかしら。だって、お料理がもったいないもの」

「そうやね。料理がもったいないですからね」

そう言って、三田さんはうれしそうに笑うのでした。

そして私たちは二人でホテルへ行き、フロントで宿泊予定だった友だちが急用で宿泊できなくなったことと、料理がもったいないのでほかの友だちといっしょに食事をしたいと伝えて了承してもらいました。

お風呂に入ってすっきりしてから、部屋でいっしょに食事をしました。

「今日はほんとうにありがとう。すごく楽しかったわ」

食事をしながら私が言うと、三田さんが人のよさそうな笑みを浮かべながら言うんです。

「ぼくも楽しかったですよ。昌美さんみたいにきれいな女の人とデートができたわけやから最高です」

「三田さんは、ご結婚は？」

「いや……独身ですわ。ぜんぜん女性には縁がのうて」

そう言って頭をかく様子が、ほんとうにかわいいんです。

「三田さんの周りの女性は見る目がないのね。私は見る目があるわよ」

三田さんは笑みを浮かべたまま固まりました。その様子を見て私は、失敗したかもと後悔しました。

だって三田さんは私よりも十歳以上は若いんです。こんなオバサンには興味なんかないかもしれません。「きれいな人」と言ってくれたのも、ただのリップサービスだったかもしれないのです。

でも、それはただの取り越し苦労でした。そして、軽く唇がふれ合ったんです。三田さんはすっと私の横に移動すると、顔を近づけてきました。

「最初は、横山さんに日当一万円で頼まれてバイトのつもりで引き受けたんやけど、昌美さんに会った瞬間、好きになってしもたんです。そやから、今日一日むちゃくちゃ楽しかった。もっと楽しい思いしてもええやろか?」

「いいわよ。いっしょに楽しい思いをしましょ」

そう答えると、今度は私のほうから彼に口づけしました。そして、キスをしながら三田さんは手を浴衣の中に入れてきました。

私たちはそのまま畳の上に倒れ込みました。

ブラジャーを押し上げてオッパイをもまれると、私の口から切ない声がこぼれ出てしまいました。さらに乳首を指先でつままれると、全身に鳥肌が立つような快感が体を駆け抜けました。

「ああっ……だ、ダメ……」

とっさに体をよじって逃れようとしましたが、しっかりと上に乗られているために身動きが取れません。

優しそうな顔立ちのために弱々しい印象を持っていましたが、意外と三田さんは逞しいんです。手も大きくてゴツゴツしていて、その手で体をなで回されるとたまらなく興奮してしまうのでした。

すると、三田さんの手はすーっと下腹部へと移動しました。そして、パンティの中にもぐり込んできたんです。

「あっ、はあああん……」

私は顎を突き上げるようにして体をのけぞらせました。だけど、三田さんの邪魔はしません。それどころか、三田さんがさわりやすいようにと、自ら股を大きく開いていきました。

「うう、昌美さん……ここ、すごいことになっとりますよ。食事をしながら、こっちのほうでも、よだれを垂らしとったんですね」

三田さんが、鼻と鼻がふれ合うほど近くから私の顔を見つめながら言いました。その間も、三田さんの指は私の陰部をいじくりつづけているんです。

「あぁ、いや……恥ずかしい……」

三田さんは割れ目をなぞるように指を動かしはじめました。ぬるりぬるりとすべり抜けるたびに、小陰唇がまとわりつくのがわかるんです。

そして、溢れ出た愛液がくちゅくちゅと音を立てはじめました。

「この濡れ方はえげつないなあ。指がひとりでにすべり込んでしまいそうや。ほら、こんな感じに」

そう言い終わるかどうかで、三田さんはあそこの中に指をねじ込んできました。

「あっ、んんん……」

すでに大量の愛液が溢れ出ていた私のあそこは、自分でもびっくりするぐらい簡単に三田さんの指を受け入れてしまいました。そしてその節くれ立った太い指を歓迎するように、ひとりでにキュッ、キュッと締めつけてしまうんです。

「おっ……」

三田さんが驚いたような声を洩らしました。

「昌美さんは、かなりの名器のようですね」

「いや、恥ずかしい……」

そう言って顔をそむけながら、今度は意識的に三田さんの指を締めつけてしまうんです。それは三田さんの興奮を一気に高めたようです。

「ああ、もうあかん！　ちょっと布団を敷きますね」

押し入れを開けてすばやく敷き布団を敷くと、三田さんは私を抱え上げてその上に移動させました。もう私は体に力が入らずに、されるままでした。

そして、三田さんは私の服を脱がしはじめました。

「あぁん、恥ずかしいわ。明かりを消して……」

「そんなもったいないことできませんて。明るい場所で昌美さんのきれいな裸を、いっぱい見さしてくださいよ」

そして三田さんは私の浴衣と下着を剝ぎ取ると、「う〜ん。めっちゃおいしそうな体や！」とうなってから、オッパイをもんだり舐めたりしはじめました。

ゆかりさんの家庭と大差なく、私も夫とはもうずっとセックスはしていませんでした。もともとそんなに性欲が強いほうではなかったので、それでもいいと思っていたんです。でも、そんなのはただ自分の現状をごまかしていただけだと気づきました。

本当は私は人並み以上の性欲の持ち主なんです。その証拠にあそこからは大量の愛液が溢れ出て、お尻の穴のあたりまでヌルヌルになってしまっているのでした。

そして、そのことは三田さんにすぐに知られることになってしまいました。三田さんは私の体じゅうにキスをしながら、徐々に股間へ近づいていき、両膝の裏に手を添えてグイッと脇の下のほうに向けて押しつけてきたんです。

「うわ！　お尻のほうまでネトネトになっとりますよ」

「ああん、いやよ……そんなことを言うなら、もうやめちゃうわよ」

「すんません。あまりにもエロい眺めやったから興奮してしもて。おわびに、めっちゃ気持ちようしてあげますから許してください」

その言葉は本当でした。すぐに三田さんの舌が割れ目を舐め回しはじめて、私は頭の中が真っ白になるぐらい感じてしまいました。

「ああっ……そ、そこ、あああぁん……」

夫はクンニがあまり好きではなかったので、結婚してからはほとんど舐めてくれたことはありませんでした。だからよけいに、三田さんのクンニが気持ちよく感じられるんです。

「おお、すごい……舐めても舐めても、オメコ汁が溢れてきよりますよ」

「ああ、恥ずかしい、もうダメ……今度は私が、三田さんを恥ずかしがらせてあげる」

私は勢いよく体を起こし、三田さんを逆に布団の上に押し倒しました。

「おっ、めっちゃ積極的やないですか」

「そうよ。飢えた人妻をその気にさせちゃったんだから、覚悟しなさい」

私は三田さんの浴衣と下着を脱がしました。

やっぱり印象どおり、三田さんはけっこう筋肉質なイイ体をしているんです。そして、もちろんペニスもかなりのものです。

すでにビンビンになっているペニスはすごく硬そうで、おまけに先端からは透明な液体がにじみ出ていました。

「三田さんこそ、先っぽからエッチな汁が洩れちゃってるわよ」

三田さんがいやらしいことばかり言うものだから、私もつい卑猥なことを口走ってしまいました。

ふだんはもちろんそんなことはしないので、自分の言葉によけいに興奮しちゃうんです。そして私は、三田さんのペニスにむしゃぶりついてしまうのでした。

大好物の骨をもらった犬のように、息をはふはふさせながらペニスをしゃぶりはじめると、その様子に三田さんは驚いたように言いました。

「うう、昌美さん、めっちゃエロいやないですか。ああ、たまらん。気持ちええ……ああ、最高や、ううう……」

うわごとのように言う三田さんのペニスを一心不乱にしゃぶりつづけていると、三田さんの手が私の腰に伸びてきました。

「昌美さん、どうせやったらいっしょに気持ちよくなりましょ。ほら、オメコをこっちへ」

そして私はペニスを口に咥えたまま体を移動させて、膝立ちで三田さんの顔を跨《また》ぎました。その瞬間、いきなりぬるんと三田さんの舌が私の割れ目をすべり抜けました。

「はあっ、ぐぐう……」

ペニスを喉の奥まで呑み込んだまま、私はうめき声を洩らしました。

そのうめき声をもっと聞きたいといったふうに、三田さんはぺろぺろと陰部を舐めつづけ、クリトリスを口に含みました。

「はうっ、ぐっ……」

また奇妙な声が洩れてしまいました。三田さんはクリトリスをチューチュー吸い、舌先で転がすように舐め回し、さらには甘嚙みするんです。その快感は強烈すぎて、もうペニスをしゃぶっている余裕はありませんでした。

「あっ、ダメ……あああ、そ、そこは気持ちよすぎて、ああああっ……」

そのクリ舐めだけでも強烈すぎるのに、三田さんはあそこの穴に指をねじ込み、膣壁をこすりはじるんです。その刺激で、私はもう一瞬でエクスタシーへと昇りつめてしまいました。

「ああ、ダメ、い、イク！　はっああああん！」

イッた拍子に私は三田さんの上からずり落ちて、はあはあと全身で呼吸を繰り返しました。でも休ませてはくれません。

「昌美さん、イッたばかりのオメコを見してください！」

三田さんは私の足首をつかんで、左右に開かせるんです。

「はあぁぁん、ダメぇ……」

うわごとのようにそう言いながらも、私はされるまま大きく股を開きました。

「もうトロトロや。ぼくを誘うようにヒクヒクしてるやないですか。ああ、もう我慢でけへん。もう入れてもいいですよね？」

もちろん私が拒否する理由はありません。あそこの奥のほうが、硬い刺激を求めてヒクヒクしているんですから
「はあああ、ちょうだい。いっぱい入れてぇ……」

「よっしゃ！　いまからこれで、めちゃくちゃ気持ちようしてあげますからね」

三田さんは反り返るペニスを右手でつかみ、先端を私の陰部に押し当てました。そして、割れ目をなぞるようにヌルンヌルンとすべらせるんです。

「あぁぁぁ、もうじらさないでぇ……はあああん」

私は自分から腰を押しつけました。すると亀頭がくぷっという音とともに埋まり、もう三田さんが手を放してもペニスの頭が跳ね上がることもないんです。

「おお、めっちゃ温かいです。ほな、もうこのまま入れてまいますよ。ううっ……」

そう言ったとたん、三田さんがグイッと腰を押しつけ、巨大なペニスが私のあそこを押し広げるようにしながら奥のほうまですべり込んできました。

「あっ、はあああん!」

子宮に届きそうなほど奥まで突き上げられて、私は体をのけぞらせるようにして喘ぎ声を発してしまいました。

「ううっ、気持ちええ……やっぱり昌美さんのオメコは思てたとおりの名器ですわ。ああ、たまらん……んんん……」

三田さんはうめき声を洩らしながらペニスを抜き差ししはじめました。

「はああっ、あああん! あっ、はああん!」

その突き上げてくるペニスの動きに合わせるように、私の口からは切なげな声がこぼれつづけます。久しぶりに受ける子宮口への刺激に、もう意識が飛んでしまいそうなほど感じてしまうんです。

「ダメダメダメ……あああん！　おかしくなっちゃうぅ……」

　私はとっさに三田さんを押しのけるようにして、布団の上から這い出そうとしました。だけど三田さんは後ろから私の腰をしっかりとつかみ、逃がしてはくれません。

「あきませんよ、昌美さん。思いっきり気持ちよくならな。ぼくのこいつでイカせてあげたいんです。ほら、これでどうですか？　ほら、ほら！」

　いつの間にか、私はワンワンスタイルになっていました。そして腰のくびれをつかみ、三田さんは力いっぱいペニスを突き刺してくるんです。体位が変わったことによって、よけいに奥まで届き、その一突き一突きで私はあられもなく喘ぎ狂い、何度もイッてしまいました。

「あああんっ……もう、もうダメよ！　あああん、また……またイク！」

　そして、その何度目かの絶頂のときに、三田さんも苦しげな声で叫びました。

「昌美さんがイクたびに……オメコが、オメコがすごく締まるぅ。ううう、ぼ、ぼくも、もうあかん。あああっ、もう出る……出る！」

　私は四十五歳ですが、まだ妊娠する可能性はあるんです。だから、とっさに言っていました。

「中はダメ！　お口にちょうだい！」

「ええんですか？　あああ、もう限界や……ううっ！」

三田さんがジュボッという音とともにペニスを引き抜き、私の顔のほうに股間を突き出しました。私は四つん這いのまま愛液まみれのペニスを口に咥えました。そのとたん、生臭い精液が口の中いっぱいに飛び散ったんです。

「うっ！　ぐぐぐ……ぐぐぐ……」

何度も断続的に繰り返される射精をすべて口の中に受け止め、最後はそれを全部、飲み干してあげたのでした。

翌日の夕方、京都駅でゆかりさんと合流して、新幹線に乗り込みました。

「こんなことにつきあわせてごめんね。でも、おかげで楽しい時間が過ごせたわ」

ゆかりさんは、心底幸せそうな顔で言うんです。

「ううん。いいのよ。友だちのためだもん。また来るときは声をかけてね。私もそれなりに楽しかったから……」

「たぶん私のほうが、ずっと楽しい時間を過ごしたはずよ」と心の中でつぶやいて、京都に別れを告げました。

東北の夏祭りで再会した幼馴染み想い出を語りながら感動の青姦絶頂！

山口充寿　会社員　四十一歳

私の生まれ育った新潟《にいがた》の山間部は米と酒が美味《うま》いくらいで不便極まりなく、特に思い入れもありません。

盆と正月くらいは帰省しますが、どこかに行くとか何をするとか誰に会うとかそういうこともなく、墓参り以外はずっと実家に引きこもり状態です。

妻や子どもがいれば行楽も考えるのでしょうが、残念ながら四十を過ぎて独り身ですから、そんな必要もありません。

だから昨年、夏祭りに出かけてみたのは、ほんの気まぐれからでした。

昔の知り合いに会うかもしれないと思わないでもありませんでしたが、それは期待というよりは面倒だからそうならなければいいなと思うようなことでした。

そこで偶然、彼女に会ったのです。

小学校の同級ですから、いちおう幼なじみということになりますが、特に親しかったわけではありません。同窓会というものには出たことがないので、そんな何十年ぶりの再会で、よく私だとわかったものだと感心しました。

「もしかして山口《やまぐち》くん？」と声をかけられて、私のほうが彼女のことをわかりませんでした。一年生のときに席が隣だったと聞かされてやっと思い出せましたが、ああ、そういえばそんな子がいたっけなあ、といった程度でした。

だから、ちょっと話しましょうよと誘われて意外な気がしたものです。私と彼女の間に話題があるとも思えなかったからです。

とはいえ、断るほどのこともないのでそのまま彼女と境内《けいだい》の人混みを歩きました。同級の誰彼の近況などを聞かされ、ピンと来ないまま適当に相槌を打っていました。あとは彼女自身の近況として、結婚して子どもが出来たこと、もうその子どもが高校生になっていることなどを聞かされました。

「子どもなんて、すぐに大きくなってしまってつまんない」

未婚で子どものいない私としては、なんと答えていいものかわかりませんでした。

気がつくと、境内裏の暗がりを歩いていました。もしかしたら彼女の誘導で連れ込まれたのかもしれませんが、そのときはそんなふうに思いませんでした。

ひと気がないということはありません。そこかしこの茂みや植え込み、雑木林の陰などに人の気配があります。みんなカップルでした。

ああ、そう言えば田舎の祭りってこうだったなと思い出しました。都会では考えられないことかもしれませんが、田舎では、祭りの夜といえば男も女も解放的になって、一線を越えて仲よくなることが多いものです。

そういえば私自身が、高校生のころ、初めてできたガールフレンドとキスをしたのも、そんな祭りの夜でした。でもまさかいい大人になってから、祭りの夜にそんな色っぽい話が自分の身の上に起こるとは想像もしていませんでした。

私たちは石段に並んで腰かけました。暗がりの中で彼女の浴衣の模様がぼんやりと幻想的に浮かび上がっています。彼女が私の肩に頭をもたれさせてきました。それが合図になって、私は彼女の髪をなで頬にふれ、そしてキスしました。

彼女の唇は柔らかく、私はキスをするのがほんとうに久しぶりでしたから、女性の唇がそんなに柔らかいものだったことを忘れていました。

私たちは唇を押しつけ合い、やがて彼女の唇が割れて熱い吐息が洩れました。私は開いたすき間に自分の舌を侵入させました。おずおずと進む私の舌を、彼女の舌が迎え入れてくれました。二人の舌が絡み合い、唾液が交換されます。

私は片手で彼女の肩を抱き、もう一方の手を襟のすき間に差し込みました。彼女はブラジャーをしていません。柔らかい乳房のふくらみが、手指に心地よく感じられました。

私はそのふくらみをなでさすり、柔らかさを味わいながらさらに奥へと指先をすすめました。やがて私の指先が、彼女の乳首に到達しました。

「あぅん……」

彼女の鼻にかかった小さな喘ぎ声はとてもかわいく、とても四十代とは思えないものでした。まるで十代の少女のようでした。

私の欲望に火がつきました。それこそ十代のような切実さで、私は彼女の唇をむさぼり、執拗《しつよう》に乳首をまさぐりました。境内裏の薄暗がりの中で、二人とも思春期の少年少女に戻ったみたいでした。

指先でつまんだ乳首をくりくりともてあそぶうちに、そこも味わいたくなりました。

私はキスしていた唇を下方に向かわせます。顎を越え首筋をなぞって鎖骨に至ります。浴衣の襟をじわじわとはだけさせながら、乳房にたどり着きました。

胸の谷間に顔を埋《うず》め、いやいやをするように首を小刻みに左右に振ります。いまや浴衣の襟は完全にはだけ、薄暗がりに乳房が白く浮かびました。

私は唇をその中心に向かわせ、乳首にキスをしました。

「あぁあ……！」

彼女は背筋をのけぞらせて敏感に反応しました。

私は、乳首に吸いついて、口の中に含んで、母乳を吸う乳幼児のようにちゅうちゅうと吸いました。

彼女は私の頭に腕を回して抱え込みました。

それこそ幼児を抱き締める母親のようにです。乳首に吸いつかれて母性本能が刺激されたのかもしれません。

私は左右の乳首に交互に吸いつきながら、両手で乳房をもみしだきました。

「あん、あんん、あぁん……」

彼女は喘ぎ声を洩らしつづけましたが、さすがに屋外で大声は出せません。歯嚙みして必死でこらえながらも、どうしても洩れてしまう声でした。

それは切なげで、はかなげで、よりいっそう私の欲望を昂進《こうしん》させるのでした。

私は手を下半身へと向けました。

浴衣のすそにすべり込ませた手で、膝頭から内腿をなでさすります。私の意図を察して、彼女の脚がこころもち開かれました。

私は手指を彼女の股間へと向かわせました。思ったとおり、彼女はパンツをはいていませんでした。

ブラジャーをつけていなかったことから予想はできました。また、下着のラインが浮き出ることから、浴衣を着る際には下着をつけない女性は多いとも聞きます。

でも彼女がそのとき下着をつけていなかったのは、そういうことではなく、もともと誰かとセックスすることを期待していたからではないかと思われました。

指先にふれた陰毛が、すでにたっぷりとにじみ出した愛液で濡れていたことからもそれはうかがえました。

誰でもいいセックスの相手として、私はたまたま選ばれただけでした。

その事実が私を萎《な》えさせるかというとそんなことはぜんぜんなくて、むしろさらに私の性欲をかき立てました。

ズボンの中で私のペニスはとっくに勃起状態でしたが、さらに硬度を増して、すでに痛みを伴うほどでした。

「私ばっかりなんて、ずるい……」

彼女は私に耳打ちすると、ズボンの上から私の股間に手を這わせました。

チャックをおろして挿し込まれた彼女の手指が、私のペニスを引っぱり出します。

解放された私のペニスに彼女の指が絡みつき、その拍子に包皮がめくれて、亀頭が外気にふれます。

夏のことでしたが、それでもズボンの中よりは涼しく、ひんやりと感じられました。

さすがに人目が気になって、思わず周囲を見回しましたが、そこここの繁みや物陰のカップルたちは、こちらに意識を向けることなく、自分たちの行為に没頭しているようでした。

茎の部分を彼女の指が優しくしごきます。先端から腰の奥にかけて、じんわりと快感が広がりました。

「すごい。どうしてこんなに大きいの？　子どものころから大きかった？」

「まさか」

私は彼女の軽口を鼻で笑って、手指を進ませます。彼女にだけ好き勝手やらせておくわけにはいきません。

私は人差し指の腹を股間の割れ目に添わせると、ぬるぬると粘度のある液体が指にまとわりつきます。

それを女性器全体に塗り伸ばすようにしました。

「あ、あ、あん！」

敏感に反応して重量感のある尻がびくびくと跳ねます。引けそうになる腰を追って、私はさらに指を繰り出しました。

膣口をなぞり、大小陰唇をいじります。さらに陰毛をかき分けてクリトリスを探り出しました。

包皮を剝いて、クリトリスをじかに指先でつつき、膣口から追加の愛液を指先ですくってクリトリスに塗りつけるようにしました。

「あ、あんん、あふぅん！」

彼女の尻がさらに跳ねるのを、もう一方の腕を腰に回して押さえ込みました。

そうしておいてクリトリスを人差し指で刺激しながら、中指と薬指を二本同時に膣口に突っ込みました。

「ああっ！」

愛液の源泉でもある膣口は十分すぎるほどに濡れそぼっていて、私の指はほとんど抵抗なくぬるんと呑み込まれました。

膣内は熱く、どこまでも深いのでした。私は奥へ奥へと指を進ませ、膣内をまさぐりました。彼女の反応を見ながら、より敏感な個所を探ります。

「あんん、気持ちいいよぉ……」

ここだという箇所があり、私は勢い込んでその部分を重点的に責め立てました。

「ああ、もう、だめ。気持ちよすぎだよぉ……そこそんなふうにされたら、イッちゃうよぉ……」

「イケばいいじゃない。イクところ見せてよ」

私はそう言って、さらに指を繰り出しました。それだけでは我慢できなくなって、私は石段を下りて彼女の足元にひざまずき、開かせた脚の間に入り込んで股間にむしゃぶりつきました。

ともすれば下半身が露《あらわ》になってしまう体勢でしたが、彼女は浴衣のすそを私の肩や頭をおおいかぶせるようにして、人目にさらされることを避けました。

それで私は遠慮することなく、膣口に挿入した指はそのままに、クリトリスに吸いつきました。乳首にしたのと同じように、肥大したクリトリスを口に含んで舌でれろれろと転がします。

「ああ、ああ、だめだめ……それ、刺激強すぎるぅ！」

彼女は尻をゆすって逃れようとしましたが、逃がしません。私は腰に回した腕に力を込めて、逃げたぶんだけ引き寄せました。

両脚を閉じようとする彼女の両腿が、私の側頭部を圧迫しました。

おおいかぶさる浴衣に籠《こも》る空気でやや息苦しく感じられ、また陰毛が鼻先をくすぐりましたが、私は息苦しさもくしゃみも我慢しながら愛撫を続けました。

舌のつけ根が痛み出しましたが、そんなことで中断させるわけにはいきません。翌日には筋肉痛になるかもしれませんが、それがなんだというのでしょう。

私はクンニリングスに邁進《まいしん》しながら、同時に膣内に差し込んだ指を暴れさせて、敏感な個所をぐりぐりとかきむしるように刺激しました。

「あ、あ、ホントにだめ……ホントにイッちゃう！」

そう言うと、彼女は自分の口を押えて喘ぎ声をこらえて、ビクンと体を硬直させました。

背筋が伸び上がり、反り返り、びくびくと細かく痙攣しました。

「ああっ！」

それは、可憐《かれん》な絶頂でした。

その切なげな様子は、私の愛情をかき立て、同時に嗜虐《しぎゃく》欲を満足させるものでした。

彼女をそんなすてきな絶頂に追いやることができて、とりあえず達成感を得た私は立ち上がり、彼女の隣に座り直して脱力した彼女の体を支えました。

あらためて周囲を見回しましたが、暗がりのカップルたちは相変わらず自分たちの行為に集中していて、こちらを気にするものは誰もいません。

もしかしたら相手を見つけるには幼すぎる中学生男子あたりが、何人かは覗き見に精を出しているかもしれませんが、見たいなら見せてやればいいのです。そういうかたちでの性教育も田舎ならではでしょう。

「私ばっかりなんて、やっぱりずるい」

彼女はまたそう言って、私のペニスに手を伸ばしました。膝枕の体勢になって、そのままフェラチオを始めます。

裏筋から亀頭にかけてをぺろぺろ舐め回し、やがてがっぷりと亀頭全体を口いっぱいに頬張りました。

そのまま頭を上下させてピストン運動させると、じんわりと快感が広がりました。

絡みついた指で茎がしごかれ、もう一方の手がやわやわと玉袋をもみほぐします。

人妻のフェラチオはさすがに手馴れていて、とても気持ちのいいものでした。

「ねえ、そろそろ入れようか？」

このままイカされてはたまりませんから、私はそう言って、フェラチオを中断させました。

私は彼女を膝に乗せるようにして跨《またが》らせました。彼女は私のペニスを逆手に握って、股間に導きました。

亀頭の先端が膣口に押しつけられます。にじみ出した新たな愛液を、亀頭に塗りたくるように、彼女が腰をくねらせました。

そうしておいて、ゆっくりと腰を落とします。じわじわと亀頭が膣口に呑み込まれていきます。

暗がりの中で、しかも人目を避けて浴衣のすそを広げていますから、自分の目で見ることができないのが残念でしたが、見られないぶんだけ亀頭の感覚が研ぎ澄まされているのか、膣内の肉を強く感じ取ることができました。

やがてずっぽりと、陰茎の根元までが膣内に呑み込まれました。

膣内は温かさを通り越して熱いくらいでした。外気より十度以上は高い温度ではないかと思われました。

「ああ、すごい。やっぱり、大きいよぉ……」

彼女はぶるぶると体を痙攣させて、挿入の衝撃を受け止めているようでした。

やがて膣内でペニスがなじむと、彼女は腰をくねらせて円を描くように動きはじめました。

「ああ、気持ちいい。アソコの中がかき回されてるぅ……」

彼女は私の肩に両手を置いて体重をかけ、そのぶん軽く自由になった下半身をより激しく動かします。

やがて、ピストンの円を描く動きに上下運動が加わりました。

お互いの恥骨がぶつかり、陰毛と陰毛が絡み合ってじょりじょりとこすれます。

陰茎の根元を締めつけてやまない膣口が溢れさせる愛液は、摩擦でじゅぷじゅぷと淫靡な音を立てて、粘度の高い本気汁を泡立たせました。

愛液は接合部からだらだらと溢れて、そのまま私のズボンにしみ込みます。帰ったら家人に気づかれないように洗濯しなくてはならないだろうと、私は頭の隅でそんなことを考えました。

「ああ、もう、どうにかなっちゃいそう！」

彼女が私の頭を抱え込んで抱きついてきます。

私はまたしても、彼女の豊満な乳房に顔を埋める格好になりました。

「ねえ、おっぱい、吸って！　吸ってほしいの！」

私は言われるままに、彼女の乳房をもみしだき、乳首に吸いついて、口の中に含んだ乳首を舌先で転がしました。

「ああ、気持ちいい！　かわいい……かわいい人！」

そう言って、彼女はより強く私の頭をかき抱くのでした。彼女の性欲は母性本能と直結しているのかもしれません。

ピストンはどんどん激しくなり、彼女は獣のような荒々しさで尻を振り立て、私の膝の上で大暴れしていました。

浴衣のすそは乱れはだけ、彼女の白い尻が薄暗がりの中にさらされます。私は腕を伸ばしてなんとか浴衣のすそをかき集めて彼女の尻を隠そうと努めましたが、動きの激しさにそれもかないませんでした。

「ああ、またイク！　またイキそう、イッちゃいそうなの……このままイカせて！　このままイキたいの！」

彼女はうわ言のように何度もつぶやきました。ここまで我を失ってヨガリ狂う女性を見るのは初めてでした。誇れるほどの女性経験があるわけではありませんが、それにしても彼女のヨガリ方は尋常ではないように思えました。

私は圧倒されるばかりで、尻を抱え込み、彼女が私の膝の上から転げ落ちないように支えるのが精いっぱいでした。

「あなたもイク？　いっしょにイケる？　ああ、いっしょにイッて！　いっしょにイこう！」

そう言って、彼女はさらに尻を振り立て、ヨガリ狂うのでした。私は意識をペニスに集中して、タイミングを合わせようとしました。

そのとき、彼女の全身にぎゅっと力が込められ、連動して膣口の括約筋がぎゅうっと絞り込まれました。

無理に合わせるまでもなく、その刺激は私の射精を促すのに十分すぎました。

「あああ、あんんんん、ああああああん！」

繁みのカップルたちが一斉にこちらに意識を向けた気配がありました。それくらい、彼女の絶頂の声が大きかったのです。

思いきりのけぞる彼女を支えきれずに、思わず私も前のめりに倒れそうになりましたが、なんとか踏ん張って抱きとめることができました。

射精の余韻を味わうにはさすがに気まずく、私たちは彼女の正気が戻るのを待って、そそくさと境内裏をあとにしました。

実家に戻ってズボンと下着を洗濯し、シャワーを浴びました。よほど激しかったのか、亀頭がひりひりと痛みました。

ひと息ついた私は、昔の自室の本棚から卒業アルバムを引っぱり出しました。クラスの集合写真の中に、確かに彼女の姿がありました。

それは、先ほどの乱れまくった姿など想像もできないような無垢《むく》な子どもでした。

「子どもなんて、すぐに大きくなってしまってつまんない」

ふと、彼女の言葉が思い出されました。

そう言った彼女自身が、ほんの何十年か前は子どもであったことがおかしく思え、私も子どもを持っていれば、いまとはちょっと違う人生だったんだろうなと、柄にもなくそんなことを考えてしまった帰省旅行でした。

四国出張で出会った〝はちきん熟女〟牡汁を吸い尽くす驚愕の3Pファック

下川晃　会社員　四十歳

三年ほど前のこと、旅行会社に勤める私がある観光事業の案件を任され、打ち合わせのために東京から四国・高知《こうち》へ赴《おもむ》いたときの、忘れられない体験の話です。

その日、地元企業の接待を受けて市内の高級ラウンジで飲んだ私は、一人になると地元の居酒屋で軽く飲み直すことにしました。もともと酒好きだったこともあり、せっかく高知まで来たのだからご当地の美味《うま》いものを飲み食いしたいと思ったからです。

帯屋町《おびやちょう》の歓楽街を一通り歩き回ったあと、狭い赤ちょうちん系の店を選んで入店し、やはりまずはこれだろうと土佐《とさ》ガツオのたたきと地元の栗焼酎「ダバダ火振《ひぶり》」を注文しました。

わら焼きしたカツオは薫りが高く脂が乗り、栗焼酎のすっきりした味わいとたいへんよくなじみました。もともとほろ酔いだった私はあっと言う間に二杯目へ。ついでに四万十川《しまんとがわ》で獲れた川エビのから揚げを注文すると、カウンターで横並びになっていた女性から「お兄ちゃん渋いの頼むやん」と肘でツンツンされながら声をかけられました。

顔を向けると女性は二人連れらしく、どちらも四十代後半ほどの年配です。水商売には見えませんが化粧が派手めで大衆居酒屋には似つかわしくない着飾った格好をしていました。

「東京から仕事で来まして、せっかくだから高知の名物を食べて帰りたいと思ったんですよ」

私がそう返事をすると、私に話しかけてきた女性は聞いてもないのに自分たちのことをペラペラ話しはじめました。

それによると、二人は同窓会帰りの地元奥様たちとのことで、私の隣に座った大きな真珠のネックレスをしている女性が裕子《ゆうこ》さん、その向こうの上品そうな細身の女性が由紀《ゆき》さんといい、どちらも専業主婦で裕子さんのほうには中学生になる娘さんがいるとのことでした。

裕子さんは美人ではないものの、妙に男ウケのするムチムチの豊満ボディでした。

一方の由紀さんは高級ラウンジにいてもおかしくなさそうな美熟女で、私としては正直、由紀さんのほうが好みだと酔った頭で思いました。

酒豪の土地柄らしく二人の飲み方は豪快で、特に裕子さんは「せっかくおしゃれしてきたき、どうせなら男に脱がされたいわぁ」とか「今日はなんかあるかもぉ思うてきたのにどいつもこいつも禿げ上がったジジイになっちゅうき、頭にきて二次会断わって二人で飲みにきたんや」などと言い放ちながら私の太ももに手を置いてきたりしました。

もともと高知の女性は活発で行動的と言われ、とにかく元気でよく笑い、土佐弁でおてんばを示す「はちきん」と呼ばれる性格と知られていますが、裕子さんはまさにそのとおりの女性でした。

私は地元の言葉づかいとともにおいしい酒を楽しませてもらい、適当なところでお礼を言ってたいへん満足した気持ちで店を出ました。

そのあとはすぐ近くにとってあるビジネスホテルに戻って風呂に浸《つ》かると、ほとんど倒れ込むようにベッドへ。しかし、疲れているのになんとなく気が昂《たかぶ》ってしまっているようで、なかなか寝つくことができませんでした。

店では「元気なおばさんだなぁ」くらいにしか感じていなかったのですが、思いのほか熟女の色気に当てられてしまっていたようです。

そのうちにいっそ風俗にでも行ってスッキリしようかとまで考えだしてしまう始末で、翌日に有給休暇をとっていたこともあり、とりあえずコンビニで酒を買ってそれを飲みながら考えようという結論に至りました。

この思いつきがとんでもない展開を生むことになろうとは、ホテルを出た段階ではまったく思っていませんでした。

薄暗い路地を歩いてネオン煌《きら》めく表通りに出たところで、私は「おや？」と足を止めました。進行方向に二人の女性のもつれ合う姿があり、どうやら一人がしゃがみ込みそうになるのをもう一人が支えようと四苦八苦しているのです。

よく見ると、それは先ほどの裕子さんと由紀さんでした。

私は近づいていきながら「あの、大丈夫ですか？」と声をかけました。

「あら、さっきのお兄さん！」

裕子さんがすぐに気づいて手招きしました。

「ちょうどよかったわ、この子飲みすぎちゃってもうどうにもならんき、ラブホに運ぶのいっしょに手伝って！　ほら、肩貸して！」

「えっ、ラブホですか？」

思わぬ申し出に、私はとまどいました。

「しょうがないやん。それかお兄さんの泊ってるとこでもええけど。そうしよか？」

裕子さんがそう言って由紀さんの腕を引っぱりながら「どこ？」と私が出てきた路地に入ろうとしたので「いや、ちょっと待ってください。ビジネスホテルに女性を連れ込んだりできませんよ」とあわてて押しとどめました。飲んでいるときにも感じましたが、裕子さんの「はちきん」ぶりはほとんどあきれるばかりです。

「ご主人に迎えにきてもらっては？」とまっとうな提案をしてみても「今日は朝まで遊ぶって決めちゅうき、そがいカッコ悪いことできんわ」と、まったく聞く耳を持たないのです。

私は唖然としましたが、由紀さんが歩けない状態である以上、ほったらかしにしにするわけにもいきません。いろいろ考えてみた挙句、結局は裕子さんに押しきられるかたちで三人でラブホまで行くことになってしまいました。

もちろん運ぶのを手伝うだけのつもりでしたが、もともと風俗に行くことまで考えていた私ですから、美人の由紀さんを抱えながら歩いていると次第に妙な気分になってきてしまうのを、どうすることできませんでした。とはいえ裕子さんもいっしょだったので「今夜はやっぱり風俗だな」と思う程度にとどまってはいたのです。

適当に見つくろって入った部屋は、いかにも昔ながらのラブホという感じの、チープな装飾がギラギラとした十畳ほどのなまなましい空間でした。

東京のシャレたラブホしか知らない私にはちょっとしたカルチャーショックでしたが、裕子さんは明らかにテンションを上げていました。

事実、二人で協力しながら由紀さんを大きなベッドに横たえるなり「なぁ、この子意外とグラマーやろう？　お兄さんチ○コ立っちゅうんやないが？」と、いきなり私の股間にふれてきたのです。

恥ずかしながら半勃起状態だった私は「ちょっとやめてくださいよ」とあわてて腰を引きました。しかし裕子さんは「ええやん、ええやん。せっかく高知に来たんやから地元の女も食べてったらええが」と、まったくひかずに私を壁に押しつけて強引に唇を奪い、舌を絡めながらしつこく股間をもみしだいてきました。

あとから冷静に考えてみても、これで興奮しない男はいないんじゃないかと思います。

私は気づくと息を乱しながら裕子さんの爆乳を着衣越しにもみ回し、自分から積極的に舌を吸ったり、本格的に怒張した下腹部を押しつけたりしていました。さらには裕子さんが「あぁっ」といやらしい声をあげるのを聞いて、こうなったら裕子さんと一戦交えてやろうと腹をくくることにしたのです。

ところがスカートの中に手を入れようとしたとたん、急に裕子さんがモジモジしはじめて「うちシャワー浴びてくるき、ちっくと待っちょって」と、浴室へ走り込んでいってしまいました。

意外な一面を知って案外かわいらしいんだなと思いつつ、盛り上がったところで梯子《はしご》をはずされた格好の私は、つい由紀さんに目を向けてしまいました。

このような状況では、これも仕方のないことではないでしょうか。

無防備に横たわる由紀さんは濃紺のブラウスにベロア調の生地でできたロングスカートをはいていて、スーツっぽい裕子さんにはない、しっとりとしたなまめかしさがありました。

ほどなくしてシャワーの音が聞こえだすと、私はボーッとした頭で由紀さんの体に手を伸ばしていました。最初は着衣越しに太ももをなで、次にそっとスカートをめくっていくと黒いパンストに包まれた長い美脚が目に飛び込み、さらに白いパンティが透けているのものぞけてしまいました。

まずいかなと思いつつ、興奮を抑えられなくなった私はベッドに片膝をのせてゆっくりと美脚をなで上げ、片手を胸のふくらみへ押し被せていきました。

悪いことをしていると思いながらも手は勝手に動きつづけてしまいます。そうしてついに、由紀さんの股間をクロッチ越しになでさすりはじめたときです。

由紀さんが「んんっ……」と声を洩らしたので、ハッと我に返った私はあわてて手を引っ込めようとしました。ところが由紀さんは不意に目を開けたと思うと、私の首に手を回し、グッと引き寄せるようにしてキスをしてきたのです。

私はたちまち我を忘れてしまいました。由紀さんの胸元のボタンを乱暴にはずし、白いスリップとブラに包まれたDカップくらいの乳房をもみしだき、スリップごとブラのカップを押し下げてピンクの乳首を露出させました。

そして勢いのまま乳房にしゃぶりつこうとしたとき、浴室のドアが開いて「あーっ、ズルいやん!」と大きな声が聞こえました。振り向くと、体にバスタオルを巻いた裕子さんが仁王立ちになってこちらを指差しています。由紀さんが「ふふふ」と笑い声を洩らす中、裕子さんはベッドに走り寄ってきて、自らバスタオルを取り去るなり、飛びかかるようにして私のズボンを脱がせました。

「由紀は高校のころからそうや。すーぐ抜け駆けしちょったき」

すねたように言う裕子さんは私のパンツも剝きおろすと、硬く反り返っているものを手で握り、それをおもむろに口内へ含んだのです。

ここからの私は、完全に二人のおもちゃでした。

裕子さんに濃厚なフェラチオをされているばかりではありません。パンストとパンティ、そしてショート丈のスリップ一枚という格好になった由紀さんが、私のシャツの前を開いて乳首に舌を這わせてきていたのです。

「あぁっ、そ、そんな……あぁぁっ」

まるで女性のように喘いでしまっていると、不意に身を起こした由紀さんがパンストとパンティを脱いで下半身裸になり、大胆にも私の顔の上に跨《また》がってきました。

「ふふふふ、これが土佐のクリ焼酎……」

「むむっ！」

由紀さんの下品な発言に驚きつつ、私は無我夢中でその「クリ焼酎」をすすり込みました。由紀さんの秘所は陰毛が薄く、陰唇も楚々としているのに、おびただしい量の愛液を溢れさせていました。そんな中、下半身では裕子さんが金玉はおろか肛門にまで舌を這わせながら、竿を手でしごいてきているのです。

「だ、ダメです……あぁっ、そんなにされたら、イッちゃいます！」

私は、わずかな息継ぎの瞬間に叫びました。

「イッてもええけど、何回も出してもらわんと困るよ」

笑いを含んだ裕子さんの声が聞こえた直後、勃起にコンドームを被せられたのがわかりました。

「二十枚くらい持ってきてるき」

「うふふ……そうやでぇ」

裕子さんはともかく由紀さんまで……。高知の女性は、酒豪なだけでなく性豪でもあるようです。

由紀さんが私の顔から腰を上げ、スリップも脱ぎ去って全裸になりました。子どもがいないせいもあるのかほんとうにスタイル抜群で、とても五十歳手前の熟女とは思えませんでした。

思わず見蕩《みと》れてしまっていると、裕子さんが騎乗位の体勢で私に跨り、そのまま濡れた膣内へ勃起を呑み込んでいきました。同時に腰を弾ませだしたのですが、その迫力たるや、この世のものとは思えないほどでした。

豊満なボディもそうですが、シャワーを浴びても化粧は落とさなかったらしく、首から上だけが白いのが匂い立つほどイヤラしいのです。肉厚な膣の感触とその絶景のパワーに、私はたちまち昇り詰めそうになりました。

「すぐにイッたら、怒られてしまうわよ」

由紀さんに耳元でささやかれ、私の快感を逃がすように、乳首に爪を立てられました。その痛みのおかげで射精を遅らせることはできそうでしたが、美しい由紀さんに苛められていると思うと、新たな性癖に目覚めさせられてしまいそうでした。

私はシーツを両手でつかんで、文字どおり「あんあん」と喘ぎ悶《もだ》えていました。

「次は正常位でしてあげて」

由紀さんに指示されて身を起こし、裕子さんを向こうに倒してのしかかりました。腰を振ると私の胸の下で裕子さんの爆乳が揺れ、背中には由紀さんの美乳を押しつけられました。そうしながらまた乳首をつねられるのです。

二人の女性を相手にすることも含めて、何もかもが初めての経験でした。きっと、どんな風俗に行ってもこれほど濃密な体験はできないでしょう。私は裕子さんの爆乳をもみ絞り、乳首に吸いつき、そうしながら膣内の襞をこれでもかとこすり上げて裕子さんの快感に貢献しようとがんばりました。

「あぁっ、ええよ、ええよ……やっぱ若い子はええわぁ！」

裕子さんが叫び声をあげ、「ああ、イクッ……イクイクイクぅッ！」と、顔をクシャクシャにして胴震いを起こしました。どうやら絶頂に至ったらしく、私はホッとひと安心……そう思ったとき、今度は由紀さんが「私は立ちバックでしてや！」と、すごい要求をしてきました。

「ほら！　窓際で」

最初の印象とはまったく違う由紀さんの言動に驚きながら、実際に窓枠に手をついてお尻をこっちへ突き出してきた美しい姿には、やはり見蕩れてしまいます。

私がベッドから下りて由紀さんに向かっていくと、ベッドで大の字になったままの裕子さんが「まったくこの子は……」と由紀さんにあきれながら笑っていました。

パッと見は裕子さんのほうが困った人に見えますが、もしかすると由紀さんのほうが若いころから裕子さんを振り回してきたのかもしれません。私は少しだけ裕子さんに同情しながら、しかしワクワク感いっぱいで背後から由紀さんに挿入しました。

ヌルッと入った私の勃起は、たちまちキツく締め上げられました。

背後から乳房をもみ回しつつ形のいいヒップに腰を打ちつけていると、由紀さんが「うふふ……ふふふ」と笑いながら自分からもお尻を突き出してきました。そして片脚を窓枠に上げて脚を開くと「もっと奥まで突いて！」と、首を傾けて流し目を送ってきました。その表情が、またなんとも言えずきれいでした。

私は腰をせり上げるようにして下から突き上げながら、またしてもすぐイキそうになってしまいました。

そのとき、いつの間にかベッドから下りてきていた裕子さんにお尻の肉をグッとつかまれ、いきなり肛門に舌を差し入れられました。

「ああっ、ちょっとそんな……汚いですよ！」

ビジネスホテルで、軽く風呂には入っていましたが、さすがに肛門の中まではしっかりと洗っていません。その異様な感触と恥ずかしさに、また射精を遅らされます。

さっきの由紀さんといい今度の裕子さんといい、二人のコンビネーションはつくづく抜群でした。もしかするとこういうことを何度も繰り返してきているのかもしれないと思うほど、息の合ったタッグなのです。

ただし、そのテクニックをもってしても由紀さんを満足させるのは裕子さんのときよりも難しそうでした。「うふふ、ふふふふふ」と笑う由紀さんが、どの程度感じているのかもよくわかりませんでした。

「由紀の急所はクリちゃんやき、指でいじってやったらええよ」

裕子さんがそう教えてくれたおかげで流れが変わりました。突き上げながら腕を回して、前からクリトリスを指でこすってみたのです。

そのとたん、由紀さんが「ああんっ！」と甲高い声をあげ、髪を振り乱しはじめました。先ほどの「クリ焼酎」のくだりは由紀さんからのサインだったのかと思い返しつつ、私は執拗《しつよう》にクリトリスをなでさすり、由紀さんの子宮口を勃起の先でノックしました。

「あぁぁっ、気持ちええ……」

初めて由紀さんの口からその言葉を聞いて私は一気に奮い立ちました。が、そのぶんだけ私も追い詰められてしまいました。

「うあぁっ、い、イキそうです！」

「いけんよ、まだイッたらいけんよ！」

裕子さんの励ましの声が聞こえて、再び肛門にスルンッ、スルンッと舌が入ってきました。しかし、この段になってしまうとその刺激すら気持ちいいのです。

私は歯を食い縛って腰を動かし、クリトリスをこすり、由紀さんの喘ぎ声を聞きながらどうしようもなく昇り詰めていきました。

「出ます！　もう出ちゃいます！」

叫んだ瞬間、由紀さんの中で勃起を弾けさせました。それから一拍遅れて、由紀さんのほうもイッてくれたようです。大きくのけぞった由紀さんが、窓枠に上げたほうの太ももをビククンッとわななかせました。

私は少しでも長く快感を与えられればと、イッてからも勃起を抜かずに最後の一滴まで由紀さんの中で放ちつづけました。

「ギリギリセーフやったな……やけんど、こっちはおかわりや」

背中に裕子さんの爆乳が押し当てられ、たったいま由紀さんの中から抜いたばかりのものを、手でワシワシと豪快にしごき立てられました。

「こっちおいで。コンドーム替えちゃるき」

由紀さんから引き離された私は、再びベッドへ横たえられました。まったく休む間がありません。

裕子さんは使い終えたコンドームを剝き取ると、次のコンドームを着ける前にパイズリで私のものをしごきはじめました。途中で彼女が上になるシックスナインの格好になったため、私は巨大なヒップに顔を挟まれて溺れそうになりました。

先ほど由紀さんの急所がクリトリスだと教えてくれた裕子さんでしたが、本当は彼女もそうなのかもしれません。私が舌を伸ばしてクリトリスをねぶり上げるなり「おおおんっ！」と、腹から声を絞り出しました。

そうしながらパイズリにフェラチオを加える裕子さんは、次第に口を使えなくなるほど感じ昂り、私の顔面はヌルヌルのビチャビチャになりました。しかしそのおかげで、私の勃起も十分に回復させられていました。

「うちも、バックでして！」

私は裕子さんの下から這い出して体勢をととのえると、ご要望どおりに後背位で挿入し、ひと抱えほどもあるヒップにパンパンパンッと軽快な音を立てて腰を打ちつけていきました。

ついさっき「最後の一滴まで」射精したつもりではありましたが、フェロモンたっぷりのクリ焼酎の効能か、萎《な》えたりする気配はまったくありませんでした。むしろ長続きさせられそうなぶんだけ自信がみなぎり、激しくアグレッシブに責め立てることができました。

「おおおんっ、ええわぁ……ええっ！　旦那じゃこうはいかんもん！」

裕子さんが背中を汗だくにして叫びました。

実際の話、彼女たちくらいの年齢になると欲求不満は切実な悩みなのかもしれません。ましてやこの二人ほどのドスケベ熟女となれば、ときにはこうしてハメをはずすのも必要なことなのではないでしょうか。

知り合って間もないとはいえ、これだけ濃厚な時間を過ごしていると、私にはいつしか彼女たちのすべてを受け入れたいような気持ちが湧《わ》いていました。

私が裕子さんをバックで貫いている間、由紀さんはごく自然な様子で横に寝転がり、シーツをかぶって寝息を立てはじめていました。なんだかんだ言っても泥酔したのは事実だったようです。

途中、私は裕子さんを横向きに倒して横臥位でもじっくりと膣内をかき回し、ほどなくして無事に二度目の絶頂へと彼女を導くことができました。

ただし裕子さんは「うちの中でも出してよ」と言って聞かず、自分はすでに達しているのに私を解放しようとしませんでした。私自身もわざと射精をさけているつもりはありませんでしたから、彼女の太い脚を胸に抱えるようにしながら、長いストロークで腰をスライドさせてじっくりと肉厚の膣を楽しませてもらいました。

「ああイクッ！　イクゥッ！」

「裕子さん、俺もそろそろイクからね……裕子さんの中に出しちゃうよ？」

「あああぁっ、ええよ……出して！　イグゥッ、また来ちゅうっ！」

ブルンブルンと肉を揺らす裕子さんの膣がひと際強くキューッと締まり、私は彼女のいちばん奥で二度目の射精に至りました。

そのあと、裕子さんは満足しきった様子でシャワーへ向かいました。浴室へはいっさい行こうとしない由紀さんとはこんなところも対照的で、裕子さんは裕子さんで、ほんとうにすてきな女性だったなぁとしみじみ思わずにはいられませんでした。

とはいえ、実を言うと裕子さんがシャワーを浴びている間に由紀さんともう一戦交えてしまったのですが、このことはいちおう裕子さんには内緒にしておいて、私はぐったりした二人をラブホに残して一人ビジネスホテルに帰ったのです。


こうして思わぬ体験をした私は、コンビニにも風俗にも行くことなく、今度こそバタンキューとなりました。そのまま気持ちのよい朝を迎え、連絡先を交換していなかったので二人に挨拶をすることもなく高知を去ることになりましたが、はからずも味わった、天然土佐女のたたきと年代物の地元クリ焼酎は返すがえすも絶品でした。

そのうちにまた機会を見つけ、できたらよさこい祭りのときにでも高知を再訪してみたいと思っています。

社員旅行で意気投合した経理のお局様
会社では見せないドエロい恥体を堪能！

中江康樹　会社員　二十六歳

新卒社員として、私がこの地方ではそこそこ大きいといわれる電気設備会社に入社した、三年前の話です。

社長のワンマン経営で体育会系体質の中堅会社にありがちなことですが、社内運動会や休日のバーベキューなど、なにかと社員参加の催《もよお》しがあり、特別な理由がない限り欠席は許されない空気でした。社員旅行ともなると、それこそ一大イベントです。

私が入社した年の秋、熱海《あたみ》へ行った初めての社員旅行も、出張中だったり家族の都合でどうしても抜けられないなど、特別な理由がない限り参加必須と聞かされていました。

当日は、一泊二日の旅行に、最終的には九割近くの社員が参加し、二台の観光バスに分乗して出発しました。

途中、観光バスを連ねて名所旧跡や景勝地を巡り、目的地の温泉ホテルには早めの夕方に到着しました。そのあとは、大浴場へ向かう者やホテルの周囲を散歩する者など、各自自由行動です。

私は混雑した温泉にざっとつかると、さっさと浴衣と丹前に着替え、割り振られた先輩社員との二人部屋に戻りました。同室の先輩は同じ営業部で、自分の教育係です。その先輩から、今回の社員旅行のメインイベントともいうべき宴会に遅刻しないよう釘を刺されていたので、風呂を早めに上がったのでした。

広い座敷の大宴会場に先輩と向かうと、すでに六十から七十人ばかり集まり、それぞれの部署で固まって飲みはじめていました。さらに女性社員が遅れて十人ばかりやってくると、すぐに宴会の開始です。

社長の挨拶と乾杯の音頭に続いて、あちこちで賑《にぎ》やかな会話や笑い声が聞こえはじめました。自分は大学時代から酒に親しんでおり、強いほうだという自負もあります。ビールを二本ばかり空け、やっとリラックスしはじめたそのとき、隣であぐらをかいて水割りを口に運んでいた先輩に言われました。

「顔を覚えてもらうために、そろそろほかの部署の連中にお酌して回ってこい。この宴会は、そういう場でもあるんだからな」

言われてみれば、社員の中には初めて見る人や、社内で顔は見かけたことはあるものの名前を知らない人もかなりいたのです。

「そうですね。それじゃ、行ってきます」

うなずいた私に先輩は、丹前姿の女性社員が五人固まっている一角を目で示してつけ加えました。

「特にあそこの経理部のお姉さんたちには、ていねいに挨拶しとけよ。彼女たちにヘソを曲げられたら、俺たち営業部はやりづらくなるからな」

言われた私は、少したじろぎました。実は彼女たちからは、何度も伝票の不備を厳しく指摘されたことがあり、苦手意識を持っていたからです。もちろん、仕事以外で会話を交わしたことなどありません。

そんな気持ちが表情に出ていたのでしょう、先輩は無責任に笑いました。

「今日は会社と違ってお小言を言われないから、たぶん、大丈夫だ」

特に総務の部署がない会社ですから、その役割は経理部が兼ねています。今回の社員旅行も、手配は彼女たちがしてくれたはずです。それについてお礼を言って、さっさと撤退しよう。そう決めた私は、内輪の話に夢中になって笑い声をあげている彼女たちに、ビール瓶を片手に膝歩きで近寄りました。

「あら、新人の中江《なかえ》くんだったよね？」

「お酌しにきたの？　気が利《き》いてるじゃない」

私に気づいた経理部の女性陣は談笑を中断すると、さっそく好奇心に満ちた視線を向けてきました。

ビールやジュースをひと渡り注いで、すぐにその場を離れようと思ったのですが、矢継ぎ早の質問を浴びせられ、そう簡単にはいかない雰囲気になったのです。

会社には慣れた？　大学はどこ？　どこ出身？

彼女たちはいちばん若くても三十手前で上は五十代、私よりも年上ばかりで五人中三人は結婚していましたが、それでも女性から興味を持たれて悪い気はしません。なにより先輩が言ったとおり、社員旅行とはいえ、やはり会社にいるときとは違う表情です。もちろん、お互いにお酒も入っているということもあったでしょう。

そんな会話の中で、一人の女性社員と目が合いました。経理部の中でも、特に印象に残る存在の竹内瑞穂《たけうちみずほ》さんです。

提出した伝票のミスを素っ気ない態度で指摘して、それ以上のよけいな会話はお断り、といった感じだった竹内さんには苦手意識を持っていました。その一方で、冷たいほどにととのった横顔と肩までの長い髪、タイトスカートの事務服に包まれたスレンダーなスタイルは、廊下ですれ違ったときなど、思わず振り返って見とれてしまうほどです。

先輩によると、確かに美人だけど四十に手が届く年齢のいまも独身なのは、性格のキツさのせいかもしれないとの話でした。また、仕事ぶりはきわめて有能で、役職とは無関係に経理部のリーダー的なポジションにいるとか、重役相手でもズケズケとミスを指摘して、社長でさえも頭が上がらないと噂話ふうに聞かされてもいました。俗にいう〝お局様《つぼね》〟というやつなのでしょう。

竹内さんにはそんな複雑な感情を持っていたのですが、やはりこの場では職場で見せない柔らかい微笑を浮かべていたので、私はほっとしたのでした。

皆と同じ浴衣に丹前姿の竹内さんのグラスにビールを注ぐと、ちょっとからかうような口調で尋ねてきました。

「中江くんは彼女いるの？」

「いえ、いまはいませんけど」

そう答えると、女性陣から嬌声に近い笑いが起こりました。その様子から、新入社員ということで、やはりからかわれているのだと思いました。けれど、おかげで距離感が縮まった気分にもなったのです。

「いまは、ってことは学生時代はいたってことよね」

「まあ、それなりには……」

妙に照れくさいような気分になって、私はうつむきます。

すると、偶然視線が下がった先に、横座りになった竹内さんの膝が視界に入りました。酔っていたせいでしょう、浴衣のすそが乱れて割れていることに、本人は気づいてないようでした。目のやり場に困りながらも私は、ちらちらと白い内腿に視線を走らせていました。意識の大部分はそちらに取られて、それからの会話は上《うわ》の空でした。

やがて、経理部の女性社員から解放された私は、ほかの部署の社員にも挨拶して回りましたが、頭の中では、さっきの竹内さんの光景が何度もよみがえりました。

宴会がお開きとなったあとも、私のもやもやとした気分はますます増すばかりでした。考えてみれば、竹内さんは自分より一回りも年齢が上です。それでも、いままでつきあったどの女のコよりも魅力的に思えました。会社で接するちょっと怖いような彼女と、さっき見せた柔らかな表情のギャップが、強い印象を残しました。

ふだんならこんなときは自分でなんとかして寝てしまうところですが、あいにくと先輩と二人部屋を割り振られているので、そういうわけにもいきません。悶々《もんもん》としたこの気分を収めるにはどうすればよいか考えあぐねた私は、少し頭を冷やすために泊まっているホテルと道路を挟んで広がる、海岸沿いを散歩することにしたのです。

コンクリの護岸で砂浜からいちだんと高くなった道路を百メートルばかり、ホテルのサンダルを突っかけて歩いた私は、すぐに後悔しました。

なんといっても海風が吹きつける秋の夜、浴衣に丹前を引っかけただけの格好ですから、肌寒さで震えるのもあたりまえです。けれど、おかげでもやもやした気分は忘れられそうでした。ここで戻って、もう一度温泉で体を温めればぐっすり眠ることができそうな気がしました。

それでもだらだらと歩いていた、そのときでした。少し先の頼りない街灯の下で、護岸の高くなった縁に手をかけて夜の海を眺めている人影を発見したのです。

ホテルの浴衣に丹前姿の人影が誰か、すぐに気づいた私は声を出しました。

「竹内さん？」

「中江くん？　誰かと思ってちょっと身構えちゃったじゃない」

竹内さんが、ほっと安堵《あんど》の息を吐いたのが伝わりました。

「どうしたんですか、一人で？」

「夜の海ってステキじゃない？　みんなを誘ったけど、怖いとか寒いとか言ってつきあってくれないから。それより、中江くんこそ一人でどうしたの？」

「ええ、まあ、いろいろと……」

理由など説明できるはずもなく、言葉を濁した私に竹内さんは言いました。

「でも、中江くんと会えてよかったわ。暗くて、やっぱり一人じゃ怖かったから」

その瞬間、会社では怖い経理の〝お局様〟で、しかも一回り年上だと思っていた彼女も、一人のかわいい女性だと感じたのでした。

「せっかくだから、浜辺まで降りてみませんか？」

「そうね、この先に下に降りる石段があるから」

竹内さんはまるで警戒するふうでもなく、先になって歩き出しました。手をつなごうともしないのは、私をずっと年下の新入社員で男と意識してなかったからでしょう。

波打ち際まで近づいた私と竹内さんは、並んでぼんやりと夜の海を眺めていました。

波の音の中、灯台や遠くに見える町の明かり、ゆっくり移動する漁《いさ》り火はロマンチックですが、私はそれどころではありません。

こんな夜の浜辺でぼくと二人きりなんて、まさか竹内さんもその気なのかな？　なども考えましたが、うかつに手を出して勘違いだったら、これはもうシャレになりません。会社での立場を考えると、かなりまずいことになるのは目に見えています。

何度もそんな考えを巡らせていたとき、不意に竹内さんが口を開きました。

「さすがに寒くなってきちゃった……ホテルに帰りましょう」

私の返事も聞かず、さっさと身をひるがえす竹内さんにぼくはついていくだけです。

すると、次の瞬間、砂浜に足を取られた竹内さんが目の前でよろけて膝をつきました。

「大丈夫ですか？」

手を貸そうと駆け寄った私の目の前で、竹内さんが起き上ろうとした拍子に、浴衣から夜目にも白い脚が剝き出しになったのです。その光景に、私の理性は消し飛んでしまいました。

背後に回って竹内さんを抱き起こした私ですが、そのままの姿勢で腕の力を抜こうとはしませんでした。単に自分を手助けしてくれたのだと思っていたらしい竹内さんも、それで私の欲望を悟ったようです。

「ちょっと、何を考えているのよ？」

腕の中でもがく浴衣越しに竹内さんの弾力が伝わり、私の興奮を加速させました。

乱れた浴衣の胸の合わせ目が開き、肩越しにブルーのブラジャーがのぞきます。私のあの部分は硬く起き上がり、竹内のさんのお尻に何度もこすりつけられました。

そんな格好でしばらくもつれ合っていたのですが、やっと私の腕から逃れた竹内さんは、急いで浴衣を直しながら言いました。

「こんなところ、誰かに見られたらどうするの？　ちょっと冷静になりなさい」

「すみません。てっきり竹内さんも、そのつもりだと思って」

「年の差を考えなさいよ……」

「別に年なんか関係ありませんよ。竹内さんは十分若く見えるし、きれいだし」

早口でそう言った私は、今度は正面から彼女を抱き寄せ、強引に唇を合わせました。

「だから、こんなところで乱暴にしないでって言ってるでしょ」

「でも、ホテルに帰ったら二人きりになれないし」

「……今朝になって急な家庭の事情で来られなくなった人がいて、キャンセルできなかった部屋が一つ空いてるわ……部屋の割り振りをしたの私だから」

いやいやをするように顔をそむけた竹内さんの声は、波の音にまぎれるほど弱々しくなっていました。

ホテルの近くまで腕を絡めて歩きながら、竹内さんは「特別だから」「私が誘ったと勘違いされたままじゃ困るし」「絶対秘密にしてね」と、しきりに口にしました。

そして、私は同期の部屋に朝までいたことにしておくようにと、耳打ちしたのです。

竹内さんから、お風呂に入ってくるから待っているようにと言われた私は、ツインルームの窓側のベッドの上で早くも全裸になると、明かりを落とし毛布にくるまって待ちました。私の股間のものは、浜辺からずっと硬く反り返ったままです。

三十分ほど待ったでしょうか、小さなノックの音でベッドから飛び降りドアを開けた私を見た竹内さんは、驚きの表情を浮かべ、すぐに喉の奥で笑いました。

「もう、せっかちねぇ……それが若さってことなのかもしれないけど」

私は構わず竹内さんの腕をつかんで引き寄せ、キスをします。海岸のときとは違い、むしろ彼女のほうから積極的に舌を絡めてきました。それで気をよくした私は、湯上がりの匂いのする彼女を抱き寄せ、丹前と浴衣を脱がせにかかります。

竹内さんは浴衣の下には、何も身につけていませんでした。淡いルームライトのもとで見る体はラインも崩れておらず、胸もけっして大きいとはいえませんでしたが、形よく乳首が上を向いてとがっています。スラリとした脚が伸びた下半身には、面積の狭い茂みが見てとれました。興奮しきった私は、もう自分が抑えきれず生まれたままの姿の竹内さんを抱き締め、ベッドに誘導します。

そのとき、私は彼女が小刻みに震えていることに気づきました。

「あの、寒いですか?」

「そうじゃなくて、あんまり経験がないし、もしかしたら十年以上もこんなことしてないから緊張しちゃって。この年で、恥ずかしいんだけど……」

会社での彼女の印象との違いに、私は年の差や会社での立場など完全に忘れました。こうなると、いまはただの男と女です。

私が上になり、ベッドに横たえた竹内さんの乳首に夢中でしゃぶりつきました。

「はうっ」と息を吐いた竹内さんが体を固くしたのがわかります。

「力を抜いて。ぼくにまかせて……」

すぐにでも挿入したい気持ちを抑えて、私は舌先を彼女の脇へ、そしてくびれた腰から茂みへと移動させ、さらに、脚を左右に広げ舌をあの部分に近づけます。温泉と竹内さん本来のものが混ざり合ったかすかな匂いが鼻をくすぐり、興奮を高めました。

私はさらにとがらせた舌先で茂みをかき分け、粘膜の鞘《さや》から頭をのぞかせているクリトリスを探し当て、刺激を加えました。

「あっ!」

また体を固くした竹内さんは、脚をすぼめ腰を引きました。それでも私の舌先は、逃がしません。彼女の匂いが少し強まり、舌先に溢れた粘液を感じました。

そこでもう、我慢の限界です。私は上になり、いきり立ったものを軽く握ると先端を竹内さんの濡れたあの部分にあてがいました。

熱くぬるりとした竹内さんの感触を先端に感じた私は、さらに腰を前進させます。濡れているとはいえ予想以上に狭いあの部分の強い抵抗を受けながら、私のものの頭の部分だけがやっと入りました。ぬめりと体温に包み込まれたと思った次の瞬間です。

「ひっ！」

短くしゃくり上げるような声を洩らした竹内さんが、腰を引きました。その拍子に、ごく浅くしか侵入していなかった私のものがツルンと抜けてしまい、同時に限界を迎えてしまったのです。

「うっ……」

私のものはドクンドクンと勝手に脈動し、彼女の脚から引き締まったお腹から、胸のあたりにまで白い粘液をまき散らしました。

三こすり半どころではありません。竹内さんに欲望を感じてから、ここまでずっと興奮しつづけ、先端だけとはいえ思いをとげたのです。それに加えて、彼女の中の狭さが、強烈な刺激になったのですから。

やっと脈動も収まり、私は情けない気分で竹内さんを見ました。ティッシュに手を伸ばし私が放出したものをぬぐう彼女もまた、申し訳なさそうな表情を浮かべていました。

「中途半端になっちゃって、ごめんなさい。痛いわけじゃないけど、ずっとしてなかったから体がびっくりして、つい反射的に腰を引いちゃったのよ」

「いえ、こちらこそ早くてすみません……」

「若いから仕方ないわ……」

そう言いながら竹内さんは体を起こし、まだ立ち上がったままの私のものに手を伸ばしました。てっきり、ティッシュでふいてくれるのかと思っていた私は、彼女がとった次の行動に驚きの声をあげました。

「た、竹内さん！」

彼女は躊躇《ちゅうちょ》することなく、まだ先端からわずかに男の粘液を垂らしている、私のものを舐めはじめたのです。

「このままじゃ気がすまないもの……いいから、中江くんはあおむけになって」

少しだけ〝お局様〟の口調で、竹内さんは言いました。

自分も経験豊富というわけはありませんでしたが、竹内さんのフェラはぎこちないものだと、すぐにわかりました。咳《せ》き込んだり口に入った陰毛を気にしながら、それでも、懸命に私のものを咥え舐め回します。そしてそんな彼女を見ているうちに、そして舌の感触に私のものは完全に硬さを取り戻しました。

そうなると、私も竹内さんにこたえなければなりません。下になったまま体を移動させた私は、シックスナインの体勢を取りました。

私の目の前で、竹内さんのぬらぬらとしたあの部分が控え目に口を開けていました。私は再び舌先を使って、肉の入り口をさらに広げます。竹内さんは軽く腰をふるわせ短く息を吐くと、また私のものにキスをして指先でなで回します。

そうやって、しばらくの間、互いに喘いではまたピチャピチャと舌の湿った音を響かせ合っていると、明らかに竹内さんの匂いが強まったのがわかりました。

私は両手で彼女の汗ばんだ腰をつかんで、浮かせます。それだけで、彼女には意図が伝わったようでした。上になったまま体を移動させた竹内さんは、私に唇を合わせて舌をからめると甘えるような小声で言いました。

「今度は腰を引いても大丈夫なように、私が上になるね……」

唾液でべとつく私のものを握った竹内さんは、あの部分に先端をふれさせると何度か角度を試しながら、徐々に腰を落としました。

「ううっ！」

竹内さんにゆっくり侵入していく快感で、私は思わずうめき声をあげました。竹内さんもまた、小さな悲鳴のような喘ぎ声を洩らします。

「ああっ！　奥まで来てる！」

窮屈な入り口を抜けた奥は柔らかく、それでいて絞り上げる感触が私のものを包み込みました。

彼女の細身の体に私のものが入り込んでいる光景は、これまで経験したことのない達成感と快感を与えてくれました。さっき出したばかりだというのに、少しでも気を抜くと、またすぐに達してしまいそうです。

「あっ、あっ」

短い喘ぎを洩らすだけで、そのままの姿勢でじっとしているだけの竹内さんに、彼女の経験が少ないことをやっと思い出した私は声をかけました。

「動けますか？」

口を両手のひらで押さえている竹内さんは、髪を揺らして首を左右に振りました。

それで私は、下から腰を繰り返し突き上げはじめます。

濡れた肉と肉がこすれ合う音が響く中、竹内さんは眉間にしわを刻み、口を手のひらでおおって必死に声を抑えます。その女の表情と、会社で見せる彼女の冷たいような表情が頭の中で交互に入れ替わり、私は不思議な感覚に酔いました。

そして、私がその夜二度目の絶頂に達しようとしたそのときです。いきなり、竹内さんは自分からも腰を揺らすように動かし、泣き出しそうに短く叫びました。

「だめっ！　もう、だめ！」

私が放出すると同時に、竹内さんも体を波打たせ絶頂に達したのでした。

竹内さんとはその後、つきあっているともセックスフレンドともいえない関係が続いているのですが、社内で気づいている者はいないようです。

会社では相変わらず、経理の〝お局さま〟として若手社員の私に接しています。それでも何かきっかけがあれば、年齢差などは気にしないで、男としての責任を取りたいと思っています。

〈第四章〉

豪華客船の旅で初めての変態遊戯

船旅で出会った熟年夫婦から誘われ初体験のスワッピングに目覚めて……

杉浦久実子　専業主婦　五十一歳

五十路になって、こんな変態的な快感を覚えてしまうなんて……。とまどいつつも新たな扉を開いてしまった幸せを感じています。

きっかけは、三年前の夫婦旅行でした。

早期退職した夫と少し贅沢な旅行に出かけました。クルーズ船での旅行です。横浜を出て、一週間かけて北海道まで回るという長めのスケジュールです。最初は自分たちには分不相応だと思ったんですが、夫が乗り気なので行くことにしました。

実際に船旅に出るとスタッフの私たちへの接し方も、船から見える景色も、お料理や部屋の内装もびっくりするほど心地よく、すっかり気に入ってしまいました。

「何度でも、こんなことしてみたいわあ……」

「おいおい、勘弁してくれよ」

甲板に立って夜景を見て、すっかり船旅に酔いしれている私に、夫が笑ってそんなことを言うほどでした。まるで新婚旅行のような気分でした。

クルーズ船は初体験で見るもの聞くもの刺激的でした。船内ではイベントなども行われて、船旅に飽きない工夫もこらされていて、感心しました。日常を離れて、少し上のクラスの旅の空気を満喫するとでも言えばよいでしょうか。

でも、それ以上に刺激的な初体験が、私たち夫婦を待っていたのです。

旅が始まって三日目、釧路《くしろ》に着いたころに、児島《こじま》さんというご夫婦とお知り合いになりました。

児島夫妻は私たちと同年輩。アラフィフの、上品そうなご夫婦です。旦那さんの哲也《てつや》さんはロマンスグレーの紳士、奥さんの美幸《みゆき》さんも五十路には見えないスレンダーな体つきの美女です。あまりにスタイルのいいモデル体型なので、ムッチリ体形の私がついついコンプレックスを抱いてしまうほどでした。

服や身につけているものから見ても裕福そうでした。私たちとは違って豪華客船がお似合いなカップルなのです。でも、とても気さくに接してくれました。

すっかり打ち解けて、お互いの部屋を行き来する間柄になりました。

哲也さんは実業家、つまり社長で、年収が億に届くような方でした。奥さんの美幸さんも良家の出身らしく、二人のエレガントさは身についたものなのだなあ、と思い知らされました。二人とも、喋り方も身のこなしもとにかく上品なんです。

でもそんな児島夫婦の上品さ、エレガントさは仮面だったんです。

三日目の朝食後、船内のロビーのソファでくつろいでいたときのことです。

夫が席をはずして、たまたま哲也さんと私が二人きりになりました。哲也さんが私に耳打ちをするように話しかけてきたのです。

「奥さん、こういうのって……興味ないですか？」

哲也さんは私に、自分のスマートフォンを見せてきました。

スマホには映像が映し出されていました。私は目を丸くしました。

それは、裸の男女が交わっている映像でした。一組の男女ではありません。何人もの男性と女性が、相手も構わず、人目も気にせず交わり合っているのです。

男性と下半身を交わらせながら、口でほかの男性のペニスを咥えている女性の姿もありました。衝撃的な映像でした。でもそれ以上に衝撃的なことに、そこには児島夫妻の姿も、はっきりと映し出されていたのです。

私は動悸《どうき》が激しくなって、心臓がどうにかなってしまいそうでした。

哲也さんは意味深な微笑を浮かべ、とまどう私の顔をのぞき込みます。私はどう反応していいものかわからなくなっていました。

「こんな……困ります」

それだけ言って、私はその場を立ち去りました。

あの紳士的な児島さんが、あんな卑猥なものを見せてくるなんて……。私は胸がドキドキして、その日は旅の記憶もあまりありませんでした。

夜になって寝るときになっても、あの映像が頭から離れません。

映像の中の、ボカシも何もかかっていない、児島さんの剝き出しの局部が脳裏から離れなくなってしまったのです。そして、眠れないのは夫も同じだったのです。

消灯後のベッドで、夫が私に話しかけてきました。

「じつは今日……美幸さんからおかしなものを見せられたんだ……」

驚いたことに、夫も美幸さんから、私が見たのと同じ映像を見せられていたようなのです。そして、こんな行為をしてみないかと誘われたというのです。

「余裕のあるカップルというものは、夫婦間の愛を確認するために、ああいうことをするものだと美幸さんに言われたんだ……」

夫はどうやら、気になっているようです。

それは、私も同じでした。

そのとき、夫の携帯にメールが届きました。送り主は美幸さんです。

「これから、児島さんの部屋でいっしょに飲みませんか、だって……」

夫がそう言いました。少し迷いましたが、私たちは児島夫妻のお誘いにこたえることにしたのです。

豪華な絨毯の敷き詰められた船内の廊下を、児島さんたちの部屋に向かって歩いている間も、私たちはお互いにうつむいて無言のままでした。

「やあ、いらっしゃい！」

いつもどおりのにこやかな笑顔で、哲也さんが私たちを出迎えました。

哲也さんも美幸さんも、バスローブ姿でした。

個室のテーブルの上には、高級そうなワインが置いてありました。

「よく来てくださいました。まずは、乾杯しましょう」

四人でグラスを鳴らし、夫と私はワインのグラスを口に運びましたが、緊張していたので味も何もよくわかりませんでした。

あのバスローブの下には、何もつけていないのかしら……哲也さんの下半身に、どうしても意識が吸い寄せられてしまいます。

あの卑猥な動画で見た、哲也さんの剝き出しの性器があの下に隠れているかと思うと、どうしても凝視せずにはいられなかったのです。

緊張気味の私たちとは対照的に、哲也さんも美幸さんも、穏やかな微笑をたたえたまま、優雅にワインと会話を愉しんでいます。

これが、余裕のあるカップルというものなのかしら……酔いの回りかけた頭の中で、私はそんなことを考えていました。

自分たちも余裕のあるカップルになろうと思ったら、あの卑猥な映像のようなことをしないといけないのだろうかと、そんなことをぼんやりと考えてしまうのです。

「そんな、困ります……」

不意に、夫の声が横から聞こえてきました。

見ると、夫の隣に座った美幸さんが夫の太ももに手のひらを置いて、顔がくっつきそうなほど近づけていたのです。

夫は口では「困る」と言いながらも、逃げようとしません。

そしてついに妻である私が見ている前で、二人は唇を重ねてしまったのです。

ちょっと唇がふれるという程度の軽いキスではありません。しっかり口の中で舌を絡ませ合っているのが、見ていてもわかりました。その様子を見ている私は、怒るというのとも違う、少し不思議な心持ちになっていました。

おわかりいただけると思いますが、五十歳を越えていっしょに旅行に出るくらいですから、夫と私の仲はけっこうよいほうだと思います。

夜の交渉も、頻繁とは言いませんが、いまだにあります。

そんな夫がほかの女性と性的な行為に及んでいるのを見ると、怒るというのを通り越して、なんだか非日常的な、夢の中の光景にしか感じられなかったのです。

旅に出ているだけでも日常を離れているのに、さらに自分の理解を超えることが起こって、何も感じられなくなってしまったとでも言えばよいのでしょうか。

私がぼんやりと見ている前で、二人のキスはどんどん濃厚になっていきます。

「んん、ん……」

重なり合った唇から、どちらのとも聞き分けられない喘ぎ声が洩れています。

美幸さんの指先が、夫の着ているものをどんどん、脱がしていきます。

それを見ている私の動悸が激しくなってきました。怒りではなく興奮で鼓動が速くなってきたのです。

あまりに夢中になって美幸さんと夫の姿を見ていたので、いつの間にかすぐそばに哲也さんが来ていることに、私は気づきませんでした。

「どうですか？　旦那さんの、ああいった姿を見るのは……」

哲也さんの低い声が、私の耳元に囁《ささや》かれました。

「どうって……あんっ！」

とまどう私の体に、電流が走るように快感が駆け抜けました。

といっても、まだ何をされたでもありません。私の太ももに、哲也さんの手のひらがそっと置かれただけです。

でもそれだけで、体がビクッと痙攣するほど感じてしまったのです。

「奥さんも、もっとリラックスして……」

そう言って、哲也さんは自分の口に何かを咥えました。

そしてそれを私に口移しで、飲ませてきたのです。

「んっ！」

口移しされる瞬間に唇が少しふれて、私の体はまた痙攣してしまいました。

唇が離れたあと、口の中に甘い香りが広がっていきました。

「心配しないでください、チョコレートです。精力剤入りの……」

緊迫した状況から逃げるように、私はチョコレートの甘味を味わいました。

なんだか、体が奥からほてってくるような感覚がありました。でも、それがチョコレートの効果なのかどうかはわかりません。

そんなものがあってもなくても関係ありません。

夫が目の前でほかの女性と愛撫し合っていて、私も哲也さんとキスしたのです。何の変化もないほうがどうかしています。

夫の服はもうほとんど脱がされていました。下着はかろうじて残されていましたが、その中に美幸さんの手が入り込んで、もぞもぞうごめいているのが見えました。

私の胸の動悸が激しくなってきます。我慢の限界でした。

「哲也さん、私、もう……」

私に最後までしゃべらせることなく、哲也さんは私にキスをしました。さっきのような軽くふれるようなキスではなく、濃密な舌を絡ませ合うキスです。

「ん、んん……」

脳天まで痺れるような感覚でした。

体の力が抜けていきます。それなのに、マグマのように熱いものが奥からこみ上げてきて、止まらないのです。

知らず知らずのうちに、自分から手を伸ばして、哲也さんの体にしがみついていました。哲也さんも私を強く、抱き返してきます。

私の耳や首すじに何度もキスをしながら、哲也さんが私に囁きます。

「ごらんなさい……旦那さんが、見ていらっしゃいますよ……」

見ると、夫が私をギラギラとした目で見ています。

バスローブを脱がされて全裸になった美幸さんの白くスレンダーな裸体を抱き締めながら、私の顔をじっと見つめているのです。あんなに欲情した目で夫から見られたのは、いったいいつ以来のことだったでしょうか。

そしてきっと、私の目もそうなっていたのでしょう。

美幸さんの体に夫の手が伸びます。胸をなでさすり、腰に回され、やがて股間へと滑り込んでいきました。

美幸さんのなまめかしい太ももに隠れて私の位置からは見えませんでしたが、夫の手が熱っぽく美幸さんを愛撫しているのがわかりました。

「あっ、ああ、んんん……はあ、感じちゃう……」

美幸さんは、哲也さんに遠慮する素振りも見せず、大きな声で悶《もだ》えています。

ほんとうに、心から夫の指に感じているようでした。

私も同じようにされたい！　私はそう思って、自分から脚を大きく広げました。

そしてそれにこたえるように、哲也さんは私の股間にふれてきました。

「んっ……！」

ストッキングとパンティ越しではありますが、哲也さんの指にふれられたその部分は、すっかり湿っていました。いえ、湿っているどころかドロドロだったんです。布越しに、ジュースがにじんでいくのが自分でもわかりました。

「あっ、ん……」

夫の視線が体に突き刺さってきます。それが、ものすごく快感でした。

哲也さんは、私の着ているものを、私に気づかれないように巧《たく》みに脱がしていきました。気づけば私の体は下着だけの状態になっていたのです。

パンティの中に入れた指を動かされて、濡れている膣内にまで、奥深くまさぐられてしまいました。その間にブラも剝ぎ取られていました。

「あ、はん……」

露出した乳首に、哲也さんの口がかぶせられてきます。

もう年もとっていますし、乳首も昔のようなピンクではなく、色が濃くなって、少し大きくもなっています。そんな部分を、まだ出会って数日しか経《た》っていない相手に口に含まれるなんて、異常な恥ずかしさでした。

しかし、その異常さに感じてしまうのです。

「んっ、んっ……！」

私は必死で声を出すのをこらえました。夫に見られている前ではしたない声をあげてしまうのが怖かったのです。

しかし、そんな私の心を見透かしたように、哲也さんは私にこう言うのです。

「奥さん、声を出して……感じたら、感じたままに、声を出して……」

ぼうっとした私の頭に、哲也さんの声が催眠術のように響きました。

そして、哲也さんが私の乳首を甘嚙みしながらアソコの中心に指を突き立てた瞬間に、私は大きな声で喘いでしまったのです。

「あはあっ、ああんっ……！」

私のこんな声を聞いて、夫はいったいどんな顔をしているだろう……そう思って夫のほうを見ると、目を疑うような光景がくり広げられていました。

そこでは、美幸さんにペニスを咥えられた夫が、私のほうを見もせずに、快感に悶えていたのです。

美幸さんは、あの上品そうな顔立ちからは想像もつかないほどいやらしく舌を使って、ペニスを唾液でベトベトにしながら舐め回していたのです。

そして夫は美幸さんのテクニックにすっかり骨抜きになって、ときおり少し腰を浮かせたりしながら、体をふるわせているのです。頭に血が上りましたが、そんな私のアソコに哲也さんも顔を埋《うず》めてきたのです。

「ちょっと、そんな……汚いです、ああっ！」

私が止めるのも聞かず、哲也さんは私の下着を脱がし、いちばん敏感な部分に唇を重ねてきました。

「ああ、あああっ……！」

今度はもう、声を殺すようなことはしませんでした。いえ、できませんでした。

舌先がクリトリスを押し上げて、入り口に挿入されました。

たったそれだけでも息ができないほど感じさせられてしまったのに、そのうえ、私の中でぐるぐると舌先をかき回されてしまったのです。

「イク、だめ……！」

私は思わず哲也さんの頭を自分の股間に向かって押さえつけていました。

もしかしたら、そんな私の姿を夫が見ていたのかもしれません。でも、もう私はそれも気にならなくなっていました。

目の前にある快感を、ひたすらにむさぼっていたのです。

私はすでに、軽いアクメに達していました。体中が震えました。

「お願い、わ、私にも……」

私はそう言って、哲也さんの体を起こしてその下半身に抱きつきました。

ガウンはすでにはだけていて、哲也さんのペニスがそそり立っていました。大きくて、立派で、なによりも熱くたぎっているのが、見ているだけでもわかったんです。まるで老紳士のそこだけが、若者のようでした。

「すごい、こんなに……」

私は吸い寄せられるように、そこに顔を近づけていきました。舌を伸ばして少しだけ、ちょんとふれてみました。ビクンと大きくペニスの先端が揺れました。

その亀頭の部分を唇ですっぽりと包み込み、口の中で舐め回しました。先走りの汁が、亀頭の先からどんどん溢れてきます。それと唾液が混じり合ったものが、私の口の周りをどんどんベトベトに濡らしていきます。

哲也さんは私に舐めさせたまま、私のアソコに手を伸ばして刺激してきました。

「ああ、んんあ、んんっ……」

感じすぎてときどき舌が止まってしまいますが、私は執拗《しつよう》に舐めつづけました。

視界の端に、美幸さんと夫の姿が入りました。二人ともすっかり生まれたままの姿になって、互いの体を交じらせています。

見慣れた夫の裸体と、初めて見る美幸さんのきれいな裸体が混じり合う不思議な光景に、私は夢を見ているような気持ちになってきました。

そうだ、夢なんだ……夢の中なら、何をやったっていい……。

そんな、妙な心理状態になってしまったのです。

私はさらに激しく、目の前にあるペニスを舐め回しました。ダラダラと、先走り汁が溢れてきて、その少し苦味のある体液を、余さず舐めとりました。

私はいつしか、舐めながら自分の股間に手を伸ばしていました。オナニーをしながら舐めていたのです。もう一秒も待てないくらい、感じてしまったのです。

「そんなに欲しいんですか？」

ちょっとあきれたような口調で哲也さんにそう言われたとき、私は恥ずかしいけれどうれしくてたまりませんでした。

やっと、入れてもらえる……アソコに！　私は自分からソファに座っている哲也さんの体の上に跨《またが》りました。

私の唾液でベトベトになった哲也さんのペニスを手でつかんで、自分のオマ○コへと導いていったのです。亀頭がふれた瞬間、私は大きな声を出しました。

「すごく、感じていますね……」

相変わらず余裕たっぷりな哲也さんの声が、憎らしくてたまりませんでした。それくらい、このときの私は心も体も熱くなっていたのです。

やっと亀頭を呑み込んだというタイミングで、哲也さんは私の腰に手を回して、ぐいっと自分の下半身に引き寄せたのです。

「ああっ……！」

ひと際大きな声が出てしまいました。

振り返ると、美幸さんも、夫も、私のほうを見ています。全身から火が出るほど熱くなりました。特に哲也さんとの結合部が、信じられないほど熱くなっていました。

哲也さんは、上になった私を突き上げるように、何度も腰を動かしました。私の体は馬に乗っているみたいに、上下に揺さぶられました。

「あっ、はんっ……あああっ！」

こんな乱暴なセックスをされるのは、いつ以来のことでしょうか。

私のおっぱいが、哲也さんのピストンに合わせて上下に激しく揺れます。揺れ動くおっぱいを捕まえるように、哲也さんの手が伸びてきました。

「はああんっ……！」

「すごく大きくて、やわらかいバストですね……」

哲也さんにそう言ってもらえて、女として素直にうれしくなりました。

スレンダーな美幸さんには、スタイルでは負けるかもしれませんが、グラマーさなら勝てると、自分でもそう思えたのです。

横を見ると、美幸さんも夫をベッドに押し倒してその上に乗っていました。

美幸さんは激しく体を上下に動かして夫を責め立てています。美幸さんがこちらをチラチラと見ているのが見えました。

もしかすると、私に対抗意識を持っているのかもしれません。

あんなきれいな美幸さんが私に対して嫉妬《しっと》するなんて、なんだかゾクゾクするような快感でした。だからつい、私も自分から腰を動かしてしまったんです。

哲也さんの胸板に自分のおっぱいを密着させて、お互いの体を上下に擦り合わせました。ふれた部分から、快感が二人の全身に広がっていくようでした。

いつの間にか、私の全身はかなり汗ばんでいました。高級な船室の暗めの照明でも濡れて光っているのがわかります。哲也さんの胸板も同じでした。

その互いの汗を塗りつけ合うように、体を重ねて激しく動いたのです。

もちろん、結合部はそれ以上に濡れて密着していました。

ペニスの血管さえ、アソコの内側で感じ取れるくらいでした。熱くて硬くて、年齢とは裏腹に若々しいペニスを、全身で感じていたのです。

「あっ、もうだめ……！」

私は哲也さんよりもひと足先に、アクメに達してしまいました。快感でくたくたになった私の体をなおも責め立てたあと、哲也さんは私の中にそのまま果ててしまったのです。これまでに感じたうちで、最高の絶頂でした。

夫も、美幸さんの中で果ててしまったようでした。

「またぜひ、船を降りたあとも、こんなことをしましょう……」

すべてが終わったあと、私たちは児島夫妻からそう言われました。

そして、実際に私たち夫婦はスワッピングの虜《とりこ》になってしまったのです。

いまは船旅もままならない状況ですが、児島さんのお家で定期的に開かれる夫婦交換のパーティに積極的に参加しています。

恥ずかしいけど、この気持ちよさからは、もう抜け出せないのです……。

北海道をツーリング中に事故に遭った私助けてくれた美熟妻に男幹で恩返し！

田辺祐太朗　会社員　二十九歳

いまから五年前に、私が体験した話を聞いてください。

新卒で就職した会社の雰囲気がどうにも肌に合わず、一年半で退職して就職浪人をしていたときのことです。

都心を離れてリフレッシュしたいと思いたった私は、寝袋と最低限の自炊セットを積み、オートバイで北海道にツーリング旅行に出かけました。

長期の旅行など、こういうときにしかできません。

私は小樽港《おたるこう》までフェリーで向かい、そのまま国道二三一号線から二三二号線を日本海沿いに北上しました。

石狩《いしかり》市から天塩《てしお》郡を抜けて日本の最北端を目指すこの道は、「日本海オロロンライン」の通称で知られる、信号なし直線三十キロという北海道ならではの道路です。

夏であれば、道内がバイク乗りで溢れ返るのですが、十月も後半のことでしたから、道路は閑散としていて、走りやすくもあり淋しくもありといった気持ちでした。

車やバイクはもちろん、歩いている人もいない原野を突っ切る国道を走るのはほんとうに爽快でした。

左手に日本海の水平線を見ながら果てしない地平線に向かって走れるなんて、国内で味わえるのは北海道くらいではないでしょうか。

調子に乗って、スピードを出しすぎたのでしょう。私は林道に入った直後に飛び出してきた動物をよけ損ね、派手に転倒してしまいました。

もしかしたらキタキツネだったのかもしれませんが、山間部ではなかったので、ほかの動物だったかもしれません。

とにかく、出していたスピードがスピードだけに、バイクも私自身もただですむはずもなく、足首が痛くて立ち上がることができませんでした。

いまにして思えば、骨折しなかっただけでも幸運だったとは言えますが……。

バイクも全損までには至りませんでしたが、ハンドルがねじれてしまい、まともに走行できそうにありませんでした。

助けを呼ぼうにもスマホが壊れてしまい、どこにも緊急連絡ができません。

どうしたものかと思案する中、日が暮れかかり、このまま寝袋で夜を明かすことを覚悟したとき、一台の軽トラックが通りかかりました。

運転していたのは家族経営の小さな牧場を営む四十代半ばの女性でした。

事情を話して電話を借りようとしたのですが、彼女は「どうせなら、町までバイクごと送ってあげる」と言ってくれたのです。

地獄に仏とは、まさにこういうときに使う言葉だったのではないかと思います。

私は厚意に甘え、まずは怪我の手当てをと、彼女の自宅兼牧場に寄ることになりました。

佐伯《さえき》と名乗った女性の旦那さんは苫小牧《とまこまい》の大手牧場に出稼ぎに行っているらしく、牛三頭だけの小さな牧場は奥さん一人で切り盛りしていたようです。

親から継いだ牧場なので潰したくはないが、小規模の牧場経営はとても厳しいらしく、いまの三頭が乳を出さなくなったら閉めるつもりとのことでした。

「いまから町に行っても、病院もバイク修理の店も閉まっているだろうから、このまま泊まっていけば？」

「本当ですか？　でも……」

「どうしたの？」

「そこまで世話になっていいものか……」

「いいのよ、遠慮しないで。娘も嫁《とつ》いで、私一人だけなんだし。あなたが泊まってくれるなら、さびしくなくていいわ」

佐伯さんはとても気さくな人で、笑いながら答えました。

ベビーフェイスの顔立ちにふっくらした体型は妙な安心感を与え、人妻熟女がとても魅力的に映りました。

それでも最後まで迷ったのですが、足首が痛みだし、バイクも動かないのですから、お言葉に甘えるしかありません。

その日は佐伯さんの自宅に泊まり、食事と入浴をすませたあと、簡単な傷の手当てをしてもらい、床に入りました。

湿布が効いたのか、痛みはなんとか引いてきたのですが、事故のショックと慣れない環境からか、なかなか寝つけずにいました。

一時間ほど経《た》ったころでしょうか。佐伯さんが再び部屋を訪れ、小さな声で問いかけました。

「眠ってるの?」

「あ、は、はい?」

「怪我のほうは大丈夫？」

室内は常夜灯だけがついており、オレンジ色の光が熟女の姿をぼんやりと照らしました。

彼女は入浴直後らしく、ガウンとパジャマを着ており、近づいてくると、ソープの甘い香りが鼻先にふわりとただよいました。

「湿布、替えたほうがいいわ」

「す、すみません……」

身を起こすと、彼女は掛け布団と毛布をめくり上げ、足首の湿布を取り替えてくれました。その間、ふっくらした唇と白い首筋を見つめていたら、突然、性欲のスイッチが入ってしまったんです。

あの状況で、なぜケダモノのように盛《さか》ってしまったのか。

原因はわかりませんが、やっぱり当時は若かったんですね。大量の血液が股間に集中し、自分の意思とは無関係にパジャマの下のペニスが膨張していきました。

懸命にこらえようにも、性欲は暴風雨のごとく荒れ狂い、とても抑えられない状態でした。

気取《けど》られるのではないかとハラハラする一方、中心部が大きなテントを張ってしまい、私は顔を真っ赤にして股間を手で隠しました。

「さ、終わったわ。あら、どうしたの？　変なとこ、押さえたりして」

「あ、あの……」

「ひょっとして、そこも怪我したとか？」

「いや、これは、つまり……」

「見せてごらんなさい」

「あ！　ちょっ……」

手を払いのけられると、突っ張った股間が露《あらわ》になり、私は激しい羞恥心に身をくねらせました。

「いやだわ……」

佐伯さんは頰をポッと染め、目をそむけたのですが、その仕草がさらに男心をときめかせ、荒々しい情欲が燃えさかりました。

「す、すみません。なんか、急にこんなことになっちゃって……どうしてだが、ぜんぜん収まらないんです」

相手が若い女性なら、とてもあんな返答はできなかったと思います。

四十代半ばの熟女、愛嬌があり、包みこんでくれそうな彼女のキャラクターが私の緊張感を取り除いてくれました。

「それだけの元気があれば、もう大丈夫ね」

「は、はい……」

「もしかして、それで眠れなかったの?」

なんと答えたらいいのか、さすがに恥ずかしさからうつむくと、白い手がニュッと伸び、股間の昂《たかぶ》りをそっと握られました。

「あっ！」

びっくりして顔を上げると、佐伯さんは身を寄せ、らんらんとした瞳をズボンの中心に向けていました。

しかも唇のすき間で、なまめかしい舌をスッとすべらせたんです。

「すごいわ、こんなになって……」

「あっ、そ、そんな……」

「あらやだ！　どんどん大きくなってくるわよ……」

佐伯さんは微笑を浮かべ、意地悪く言いながら手のひらを上下に動かしました。

刺激を与えたら、なおさらペニスが小さくなるはずもありません。

「どうしてほしい？」

「あ、あの……」

「どうにかしないと、眠れないんじゃない？」

「そ、それは……んむぅ」

手のひらでふくらみを優しくなでられると、背筋を快感が走り抜けました。

「あ、ああ……さ、佐伯さん！」

ストッパーが弾け飛んだ瞬間、私は彼女に抱きついて唇にむさぼりつき、重力感たっぷりの胸をもみしだきました。

「ン、ふぅ……」

鼻から抜ける甘ったるい声が耳に届いたとき、これは最後までイケると直感しました。獣のような性欲に衝《つ》き動かされる間、佐伯さんはペニスを延々とこすり立て、こちらの性感をさらにあおりました。

まだ鼻血の出る年ごろでしたから、もはや自制することなどできません。

彼女にも火がついたのか、舌がくねりはじめ、唾液をじゅっじゅっと吸われるたびに脳の芯が震えました。

「あ……ンっ」

私はガウンを脱がせ、熟女を布団に押し倒すと、パジャマのウエストから手を差し入れました。

「ン、やっ」

唇を離し、艶《つや》っぽい声を聞いたときの昂奮は言葉では言い表せません。

ショーツをかいくぐった指が秘園に達すると、にちゃっという音に続き、ぬめり返った陰唇の感触をとらえました。

肉びらは早くもめくれ上がり、肉のとがりもピンピンにしこり勃《た》っていました。

すかさず割れ目の中に指をすべらせると、熱くてぬるぬるした粘膜が絡みつき、私は心の中で歓喜の声をあげていました。

「だめっ、それ以上はだめよ……」

佐伯さんは盛んに拒絶の言葉を放っていましたが、いまさらやめられるはずもありません。指のスライドを開始し、敏感な箇所に快感を吹きこむと、彼女は腰を揺すって高らかな声をあげました。

「あっ、はぁぁぁっ！」

「はあ、ふう、はあ！」

心臓が早鐘を打ち、荒い息がいっこうに止まりませんでした。

パジャマズボンをショーツもろともおろしたところで、佐伯さんは身を起こし、攻守交代とばかりに責め立ててきたんです。

こちらのズボンもパンツごとおろされ、フル勃起したペニスが反動をつけて跳ね上がりました。

「ああ、すごいわ……コチコチ」

「くふぅ……」

胴体をシュッシュッとしごかれたあと、彼女はためらうことなくペニスを咥えこみ、ジュッパジュッパと激しいフェラチオを仕かけてきました。

「おおっ！」

夫が不在のさびしさからか、熟女の口戯はとても貪欲で、ペニスの根元を指で絞り上げ、カチカチにさせてから唇をすべらせてきたんです。

ヘッドバンキングさながら佐伯さんが顔を打ち振り、勃起が柔らかい口の中の粘膜にこれでもかと引き絞られました。

しかも大量の唾液をまとわせ、唇をすぼめてすすり上げてくるのですから、なめらかな感触と巨大な快感に、脳みそが爆発するかと思うほどでした。

「ンっ、ンっ、ンっ！」

「あっ、ぐっ、くう……」

もちろん口内射精するわけにはいかず、私は彼女のヒップに手を回し、股ぐらの奥に指を差しこみました。

「ンっ！」

顔のスライドがようやく止まるころ、私は愛液でぬるぬるの恥部をなでつけつつ、喉の奥から声を絞り出しました。

「さ、佐伯さんのも……舐めたいです」

拳を握りしめながら告げたとたん、肉づきのいい足が目の前を通り過ぎ、思わずびっくりしました。

佐伯さんは、なんとシックスナインの体勢から女の園をさらけ出したんです。

肉厚の陰唇がザクロようにぱっくり割れ、とろとろの内粘膜が愛液をまとってテラテラと濡れ輝いていました。

「あっ、あっ！」

あでやかな肉の花びらにあっけに取られたのも束の間、ふしだらな匂いがぷんと香り立ち、胸が妖しくざわつきました。

気がつくと、私は花園に誘われる蜜蜂のように女陰に吸いついていたんです。

唇を突き出して顔を左右に振り、舌でクリットを舐《ねぶ》り回し、はたまた口をすぼめてチューチューと吸い立てました。

「あ、は、ンっ、うふぅ」

佐伯さんは湿った吐息を放ったあと、負けじとペニスを喉深くまで呑みこみ、じゅるじゅるとすすり上げました。

暖房がきいていたこともあり、体が燃えるように熱く、全身の毛穴から大量の汗が噴きこぼれました。

ムンムンとした熱気といやらしい匂いがあたり一面にただよっていたことは、はっきりと覚えています。

全身に力を込め、ひたすらクンニリングスに没頭していると、やがて悲鳴に近い声が耳に届きました。

「いやっ、もう我慢できないわ！」

佐伯さんはヒップをぶるっとふるわせたあと、腰を上げると、私の下腹部に移動しました。

「このまま、入れちゃうから！」

足首を痛めていたので、こちらから激しい動きはできません。願ったりの展開にコクコクとうなずいた直後、彼女は体を反転させ、私の股間を大きく跨《また》ぎました。

そしてペニスを握りこみ、陰唇の狭間に亀頭を押しこんだんです。

「あ、あんっ！」

「むむっ……」

「あ、あなたの……大きくて硬いわ！」

ぬめぬめした鶏冠《とさか》のようなとば口が先端を咥えこみ、ヒップが沈むと同時に、とろとろの媚肉が胴体をすべり落ちていきました。

熟女と肌を合わせたのは初めてのことだったのですが、まさかあんなに気持ちのいいものだとは思いませんでした。

ぬっくりした膣肉がうねりながらペニスを包みこみ、上下左右からやわやわと締めつけてきたんです。

ペニスはあっという間に根元まで呑みこまれ、鈴口が子宮口を打ちつけました。

「ンっ、はあああぁっ！」

佐伯さんは甲高い声をあげたあと、豊かなヒップをゆっさゆっさと振りはじめ、出し入れを繰り返すペニスが大量の愛液をまとって濡れ光りました。

「はあっ、いい、いいっ！」

「ぼ、ぼくも……気持ちいいです！」

スライドが徐々に速度を増し、ヒップが下腹部を打ち鳴らす音が室内に響きました。膣肉がペニスをキュンキュンと締めつけるたびに精液が出口に集中し、全身の血が沸騰しました。

熟女の激しいピストンに悶《もだ》えるなかで、佐伯さんはヒップをぐるぐると回転させ、ペニスを強烈に引き絞ってきたんです。

「あ、そ、そんなに激しくしたら……」

「あンっ、や、やあぁっ！」

「く、おおっ！」

「あなたも突いて！　もっと突いて!!」

あのときの彼女は、私の怪我のことなど忘れてしまっていたとしか思えませんでした。

私自身も我慢の限界を迎え、どうせ射精するのならと、必死の形相で腰を突き上げたんです。

「いい、いいっ！　イッちゃう、イッちゃうぅ！」

「ぬおおっ！」

額から流れ落ちる汗も何のその、硬直のペニスで子宮口をガンガン叩くと、佐伯さんは白い喉をさらし、エクスタシーへと達しました。

「いやぁぁっ！　いやぁぁっ！　イクっ、イクっ、イッちゃう！　イクイクっ！　イックぅぅっ!!」

空気を切り裂くような大絶叫に、私は息を呑みました。

あれほどのイキっぷりを目《ま》の当たりにしたのは初めてのことで、しばし呆然《ぼうぜん》としていたのではないかと思います。

佐伯さんが身体を震わせ、ヒップを大きくわななかせると、媚肉がペニスをギューと締めつけ、中心部で快楽の風船玉がとうとう破裂しました。

「ああっ、イキます！」

中出しはさすがにまずいと思ったのですが、とても耐えられず、彼女の中に大量の精液を放出してしまいました。

しばらくは放心状態で荒い息を吐いていたのですが、佐伯さんは一回だけでは満足できなかったのか、再び求めてきて、初対面の女性とインターバルを置かずに二回もエッチしてしまったんです。

翌朝、私は絞り立ての牛乳と朝食をごちそうになり、軽トラックにバイクを積んで町まで送ってもらいました。

「またいらっしゃい」と言われたときは、昨晩の行為を思い出し、つい赤面してしまったものです。

その後、なんとか就職して日々仕事に追われているのですが、今度の会社は辞めることもなく続けられています。いまは新しい職場で出逢った女性と交際を始め、二年目になります。

彼女は私より十歳年上の三十九歳。すっかり年上の女性の魅力にはまってしまったみたいです。

マラソン大会で知り合った人妻ランナー完走の記念に超汗だく淫蕩SEX!

宮森友孝　会社員　四十二歳

私はマラソンが趣味で、さまざまな市民マラソンに参加してきました。

地方の大会でもスケジュールの都合がつけばエントリーし、これまで参加してきた回数は三十回以上。ほとんどのレースで完走しています。

昨年は、九州のとある都市のマラソン大会に参加しました。

私はレースの前日に乗り込み、ホテルに宿泊して翌日のレースに備えました。体調は万全にととのえてきているので、あとは怪我などせず当日を迎えるだけです。

その前に軽めの調整をしておこうと、ホテルの周辺をジョギングしておくことにしました。

周辺にはマラソンの参加者でしょうか。何人かのランナーが走っていました。

たまたま私が走っていたすぐ前に、女性ランナーがいました。明るい色のランニングウェアに身を包み、軽快なペースで走っています。

私が同じペースで走っていたこともあり、お互いに気づいて会釈を交わすと、向こうから近づいて話しかけてきたのです。

「あなたも明日のレースに？」

「ええ。東京から来ました」

「ええっ、そんな遠いところから？　私はここが地元なんです。毎年このマラソンに参加してるんです」

ランナーは仲間意識が強く、会話を交わすとすぐに親しくなれます。

彼女の名前は乃亜《のあ》さん。四十歳で既婚者だそうです。走るのが趣味で、もう十年近くマラソンをしているのだとか。

小柄ですが走っているフォームもきれいで、かなり練習を積んでいるのがひと目でわかりました。

それにルックスも私の好みのタイプでした。ちょっとあどけない感じの、笑顔がとてもすてきな女性です。

しばらく並走して汗をかいた私たちは、公園でいったん休憩をとることにしました。

足を止めた彼女はストレッチで体をほぐしています。ウェアのお尻をこちらへ突き出すと、思わずその姿に見とれてしまいました。

実は私は、レース前の一週間から禁欲をすることにしているのです。

というのも性欲を発散すると、どういうわけか走っていても集中力が途切れてしまい、溜まっているほど力が出せるからです。

それだけに私は彼女の無防備な姿に、ついムラムラして爆発寸前でした。

「そういえば宮森《みやもり》さんって、何かレース前にやっておくことってあるんですか？　いい走りをするための秘訣《ひけつ》とか、もしよければ教えてもらいたいんですけど」

ちょうど私が考えていたことを、彼女からこのタイミングで聞いてきたのです。

私は「そうですねぇ」と前置きし、あたりさわりのないことを答えました。ランナー同士では定番の会話なので、しっかりストレッチをしておくとか、エネルギーのつく食事をとるとか、話すことはいくらでもあります。

そこで私はうっかり、禁欲のことも口をすべらせてしまったのです。

とっさに私は、しまったと思いました。まじめに走っている女性ランナー相手に男の下《しも》の話はさすがにタブーです。

ところが、彼女からは意外な反応が返ってきました。

「えっ、私もいっしょですよ。実はもう一カ月ほどセックスを我慢してるんです」

あまりにあっけらかんと言うので、逆に私が驚きました。タブーどころかセックスに関しては彼女のほうがよっぽどオープンに、あれこれ打ち明けてきたのです。レースの最低一カ月前からセックスは厳禁。したくなっても我慢する。旦那さんもそれは理解していて、向こうから手を出してくることもないのだそうです。

「じゃあ、やっぱりレース直前は……」

「ムラムラしますよね」

彼女が答えると、私たちはお互いに顔を見て笑いました。

しかし大事なレース本番を明日に控え、こんなところで欲情しているわけにはいきません。私はグッとこらえて、この日は彼女と別れることにしました。


そして翌日、私はスタート地点で彼女を見つけました。私たちは昨日と同じように並んで走り、お互いに励まし合って無事に完走することができたのです。

ゴールした瞬間、私たちはヘトヘトでしたが、彼女のほうから「やりましたね！」と言って、抱きついてきました。

もうそれだけで、私には彼女が何を考えているのかわかりました。すぐにでも性欲を発散したい、そう顔に書いてあります。

私もずっと走りながら、彼女の体のことばかり考えていました。疲れてはいてもセックスができるとあれば、チャンスを逃すわけにはいきません。

「このままホテルへ行きませんか？　もう我慢できなくなっちゃったんです……」

そう彼女から誘われた私は、いったん着替えてから泊っているホテルとは別のラブホテルへ二人で向かいました。

部屋に入るなり、彼女は待ちきれないように私に抱きつき、キスを求めてきました。

「ンンッ、ンムッ……」

これまでの我慢を一気に発散するような舌使いです。私も負けじと舌を絡みつかせ、お互いに唾液がこぼれても気にならないほどむさぼり合いました。

「ああ……もう早く、早くしましょう！」

そう私をせかすと、彼女はすぐさま服を脱ぎはじめました。

ずっと走って鍛えているだけあって、体つきはスリムでお尻も引き締まっています。惚《ほ》れぼれするほど見事なアスリート体型でした。

この体で性欲が有り余っているというのだから、いったいどんなセックスをするのだろうと、楽しみでなりません。

先に下着まで脱いでしまった彼女は、すぐに私の股間をまさぐってきました。

走ってきたばかりなのに、ペニスはすでにギンギンです。一週間以上溜めこんだ性欲をようやく発散できるだけに、いつも以上に力がみなぎっています。

「ああ、すごい！　こんなに硬くなってる！」

彼女はうれしそうに言うと、私のズボンを脱がせてペニスを引っぱり出しました。すかさずそれを口に含み、おしゃぶりを始めます。まだシャワーも浴びていないのに、まったく躊躇《ちゅうちょ》していませんでした。

ここまで積極的になっているのはさすがに驚きました。私が想像していたよりもはるかにセックスに飢えていたようです。

彼女の舌はペニスの裏から表まで、丹念に這いつづけます。それに加えて私の腰を両手で抱えながら、休みなく顔を上下に動かしていました。

「すごく気持ちいいですよ……」

私の声が耳に届いたのか、ますます彼女はおしゃぶりに力を入れてきました。巧《たく》みな舌の動きでねぶられていると、このまま口の中に溜まったものを出したい気持ちになってきます。

しかしそれをしてしまっては、せっかくの我慢が水の泡です。どれだけ気持ちよくても彼女を抱くまでは、絶対に果ててはならないと自分に言い聞かせました。

ようやく彼女がおしゃぶりを止めたのは、さすがに射精しそうになりあわてて私がストップをかけたからです。

「あっ、すみません。久しぶりだったから、つい夢中になっちゃって……」

彼女はそう私に謝りましたが、止めなければきっと精液も飲み込んでいたでしょう。

今度は私が気持ちよくしてやろうと、彼女の体をベッドに横たえさせました。

あらためて見てみると、小柄で引き締まった体はとても四十代とは思えません。

まずツンととがった胸の先を舐めると、彼女は「あんっ」と声を出しました。

「あんっ、んんっ……あんっ」

舌で乳首を転がしているうちに、彼女の声も次第に甘くなっていきます。

彼女が感じやすいのは、乳首への愛撫の反応を見てわかりました。みるみるうちに乳首が硬くなり、しきりに息を喘がせていました。

「そんなに舐められると……いやらしい声、いっぱい出そうです」

それを聞いて私はますます興奮しました。強く吸ってもしっかり感じてくれるので、愛撫にも力が入ります。

ついでに下にも手を伸ばし、下腹部のあたりをなで回します。

よく鍛えられているだけに、普通の女性よりも締まった手ざわりです。それでも女性らしい肌のきめこまやかさは伝わってきました。

さらに股間もさわってみると、そこには一つまみほどの薄いヘアと、ふっくらしたふくらみがありました。

そのふくらみの谷間に指を這わせると、ぬるりとした温かい感触があります。

「すごいですね……これ」

あまりの濡れっぷりに、思わずそう言ってしまうほどでした。すでに愛液が股間から溢れ出そうになっていたのです。

「我慢していたから濡れやすくて……なんだか走っているときも、ずっと宮森さんとのセックスのことばかり頭にチラついていたんです」

恥ずかしそうに彼女は打ち明けてきました。そう言いながら股間にある私の手をしっかりと握り、足を開いて腰をもじつかせています。

今度は指を入れてみると、彼女は「ああっ！」と喘いで背中をのけぞらせました。

引き締まった体と同様に、膣内もさすがの締まり具合でした。しかも熱く濡れていて、まるで指がぬかるみに吸い込まれてゆくようです。

軽い出し入れで股間はすっかりびしょ濡れになり、指の動きに合わせて彼女は身悶《みもだ》えを繰り返しています。

「ダメッ、ダメぇ！　そんなに奥をいじられると……ひぃっ！」

指先で子宮の近くをグリグリとまさぐってやります。ここは特に感じやすく、悲鳴に近い声が出てきました。

たっぷりと喘がせてやったところで指を引き抜いてやると、すでに彼女は息も絶えだえで、だらしなく大股を広げたままになっていました。

「ああ、もうダメです。早く……」

すると、うつろな顔で彼女は私のペニスに手を伸ばしてきました。

私もそろそろ我慢できなくなっていたので、枕元のコンドームに手を伸ばしました。

ところが、それに気づいた彼女は、こんなもの必要ないとばかりに私の手から取り上げてしまったのです。

「いいんですか？　使わなくても」

「ナマが好きなんです。中に出してもかまいませんから、お願いします」

少し躊躇《ちゅうちょ》しましたが、彼女が望んでいるとあれば、そうしない理由はありません。

私は彼女をベッドに組み敷くと、両足を抱え上げてペニスを股間に押しつけました。

指を入れていた穴はまだ乾いてはいません。ぬるっという感触に亀頭が呑み込まれると、あとは一気に腰を落としました。

「いいっ！　ああっ、奥まで入ってきてる……すごく硬い！」

根元まで挿入された彼女は、私を見上げながらうっとりとつぶやきました。

私は彼女の細い体を抱きながら、たまらない気持ちよさを味わっていました。

締まりのよさに加えて、中の熱さでペニスが溶けてしまいそうです。禁欲していただけに、ふだんの何倍も快感がありました。

最初にゆっくりとペニスを出し入れさせ、どれぐらいの深さがあるか確かめました。

しっかり奥まで入れると、子宮口まで届いているのがわかります。小柄な女性だと痛がることがあると聞きましたが、彼女の場合はまったくそんなことはありません。

「ああんっ、もっと……そんなにじらさないでください」

私が優しく腰を使っていると、逆にそうおねだりをされてしまったのです。

「じゃあ、ちょっと激しくしますよ」

「はいっ……メチャクチャに犯してください！」

彼女の言葉に興奮した私は、そんなに犯されたがっているならと、本気で腰を使うことにしました。

まずはペニスが抜け落ちる寸前まで腰を引き、一気に深く突き刺します。

「ひぃっ……！」

この一撃はかなり強烈だったようです。彼女は悲鳴をあげ、私の腕にしがみついてきました。

「すごいっ、もっとしてください！　ああんっ！」

あまりのよがりっぷりに、私も腰を動かしながら目を見張っていました。

そういえばマラソンランナーは極限まで自分を追い込むので、マゾっ気のある人が多いと聞きます。彼女もまちがいなくそのタイプでした。

だったら遠慮はいらないと、私はますます激しく動いてやりました。

彼女の両足を限界まで開かせながら、これでもかとペニスを押し込みます。あまりに強く腰をぶつけるので、体と体がぶつかる音がしました。

「いいっ、イクッ、イキそうっ……イクぅ！」

途中から彼女はそう叫び、ガクガクと体をふるわせました。

イッてしまった瞬間、私の腕に強く爪が食い込みました。痛みよりも彼女のなまめかしい表情や、強烈な膣の締まりに気を取られていたので、興奮が萎《な》えることはありませんでした。

私はまだかろうじて射精を我慢していました。ずっと腰を振りつづけて、そろそろ限界も近づいてきています。

挿入する直前の、中に出してもかまわないという彼女の言葉を思い出し、あらためて聞いてみました。

「いいんですね？　ほんとうに中に出しますよ？」

すると彼女はその言葉を待っていたとばかりに、足を私の腰に絡めてきました。

「出して、出してください！　思いっきり出して！」

まるでこのまま射精しなければ放さないと、そう言っているかのような真剣な表情です。

ならばと私もためらいを消し去りました。こんな淫らな女性に中出しをできるなら、もうどうなってもかまいません。

最後に思いきり腰をぶつけ、ペニスを膣奥まで突き入れました。

「あううっ！」

私はそう叫びながら、これまで溜めてきたものを一気に吐き出しました。

とてつもない快感で体がしびれていくようです。とめどなく射精が続き、そのたびに私は彼女の顔に向かって、ハァハァと息を吐きかけていました。

射精にはたっぷり時間をかけ、ようやく興奮も収まりました。

禁欲から解放された瞬間は、身も心も軽くなりスッキリした気分になります。今回は最高のセックスができたので、解放感もこれまでにないものでした。

私が挿入したペニスを抜くと、彼女の体内から大量の精液がこぼれ落ち、ベッドにシミが広がりました。

彼女は満足した顔で、ベッドに大の字に横たわっています。まるでレース直後の疲れ果てた姿のようでした。

しばらくして起き上がると、彼女はまず両手で自分の体を隠し、うつむきながら私にこう言いました。

「すみません。なんだか恥ずかしいところを見せちゃったみたいで……私ってセックスに夢中になると、途中から何がなんだかわからなくなってしまうんです……」

どうやら性欲を発散して冷静になり、乱れたシーツや私の腕に残った爪痕を見て、恥ずかしくなったようです。

そんな彼女のセックスをしていたときとのギャップに、私はまたムラムラしてしまいました。ダメ元でもう一度お願いをしてみると、彼女も快《こころよ》く応じてくれました。

二回目のセックスのあと、食事を注文して空腹を満たすと、再び体を重ねました。それまでの激しいセックスではなく、ねっとりとしたスローセックスです。

結局、私たちはホテルの休憩の三時間、ギリギリまで濃厚なセックスを楽しみ尽くしました。

残念ながら彼女とはその場でお別れをして、私は帰りの新幹線に間に合うよう、大急ぎで駅に向かわなければなりませんでした。

いまも私はマラソンを続けています。レース前の禁欲のおかげか、少しづつ記録も伸びてきました。

ただ困ったことに、女性ランナーを見ると彼女のことを思い出し、つい声をかけてみたくなってしまうのです。

◉読者投稿手記募集中！

素人投稿編集部では、読者の皆様、特に**女性の方々からの**手記を常時募集しております。真実の体験に基づいたものであれば長短は問いませんが、最近のSEX事情を反映した内容のものなら特に大歓迎、あなたのナマナマしい体験をどしどし送って下さい。

●採用分に関しましては、当社規定の謝礼を差し上げます（但し、採否にかかわらず原稿の返却はいたしませんので、控え等をお取り下さい）。

●原稿には、必ず御連絡先・年齢・職業（具体的に）をお書き添え下さい。

〈送付先〉

〒101-8405

東京都千代田区神田三崎町 2－18－11

マドンナ社

「素人投稿」編集部　宛

◉新人作品**大募集**◉

マドンナメイト編集部では、意欲あふれる新人作品を常時募集しております。採用された作品は、本人通知のうえ当文庫より出版されることになります。

【応募要項】未発表作品に限る。四〇〇字詰原稿用紙換算で三〇〇枚以上四〇〇枚以内。必ず梗概をお書き添えのうえ、名前・住所・電話番号を明記してお送り下さい。なお、採否にかかわらず原稿は返却いたしません。また、電話でのお問い合せはご遠慮下さい。

【送付先】〒一〇一-八四〇五 東京都千代田区神田三崎町二-一八-一一 マドンナ社編集部 新人作品募集係

素人告白スペシャル《しろうとこくはくすぺしゃる》 熟女旅《じゅくじょたび》

二〇二一年 二月 十日 初版発行

著者◉素人投稿編集部【しろうととうこうへんしゅうぶ】

発行◉マドンナ社
発売◉二見書房
東京都千代田区神田三崎町二-一八-一一
電話 〇三-三五一五-二三一一（代表）
郵便振替 〇〇一七〇-四-二六三九

印刷◉株式会社堀内印刷所 製本◉株式会社村上製本所 落丁・乱丁本はお取替えいたします。定価は、カバーに表示してあります。

ISBN978-4-576-21005-6◉Printed in Japan◉

マドンナメイトが楽しめる！ マドンナ社 **電子出版**（インターネット）……https://madonna.futami.co.jp/

Madonna Mate

オトナの文庫マドンナメイト

電子書籍も配信中!!
詳しくはマドンナメイトHP
http://madonna.futami.co.jp

素人告白スペシャル 隣の人妻―夜の淫らな痴態
素人投稿編集部編／ご近所奥様の裏の淫らな素顔!?

素人告白スペシャル 働く人妻 夜の出勤簿
素人投稿編集部編／働く人妻たちの夜の淫らな生活とは!?

素人告白スペシャル 熟妻の不倫懺悔録
素人投稿編集部編／四十路、五十路世代が溺れた肉欲！

素人告白スペシャル 隣の人妻―夜の淫らな痴態
素人投稿編集部編／ご近所奥様の裏の淫らな素顔!?

素人告白スペシャル ナイショのお泊まり奥様
素人投稿編集部編／旅行や出張先で体験した卑猥な出来事！

素人告白スペシャル 背徳の人妻懺悔録
素人投稿編集部編／不倫、乱交、露出など不埒な体験告白集

素人告白スペシャル 食べごろ奥様の性生活
素人投稿編集部編／熟女とヤッちゃった夢のような体験！

激ナマ告白 田舎の人妻たち
素人投稿編集部編／人妻たちの都会では味わえない体験告白！

禁断告白スペシャル 年上の女《ひと》
素人投稿編集部編／憧れつづけた年上の淫らな美熟女たち！

禁断白書 わたしの衝撃的な初体験
素人投稿編集部編／熟妻が初めて味わった衝撃体験！

熟女告白 誰にも言えない痴態
素人投稿編集部編／ふだんは清楚な人妻の本当の姿！

熟女告白 私が人妻にハマった理由
素人投稿編集部編／熟女の魅力に溺れた者たちの告白集

Madonna Mate